思想觀念的帶動者
文化現象的觀察者
本土經驗的整理者
生命故事的關懷者

{ PsychoAlchemy }

啟程，踏上屬於自己的英雄之旅
外在風景的迷離，內在視野的印記
回眸之間，哲學與心理學迎面碰撞
一次自我與心靈的深層交鋒

WE:
Understanding the
Psychology of Romantic Love

戀愛中的人
榮格觀點的愛情心理學

羅伯特‧強森（Robert A. Johnson）——著

鄧伯宸——譯

關於神話的來源與翻譯

　　本書是以卡爾・榮格（Carl Gustav Jung）的觀點來詮釋《崔斯坦與伊索德》（*Tristan and Iseult*），全書的焦點是神話中一些對心理學具有啟發性的象徵。我無意把這本書弄成一部文學的神話學術研究，因此，為了維持敘述與解說的流暢，從頭到尾沒有使用註解。說到神話的考據，對學術界來說，想來早已耳熟能詳，若在這裡還擺出一副學究的姿態，只怕會讓其他讀者分心，反而失去了本書的宗旨。

　　在閱讀我的解說前，有些讀者或許想先對神話本身有個了解，所以我在每一章前面有一個小節，交代故事的情節。故事的改寫主要是根據著名的的貝迪耶（Bedier）版，此一版本完成於本世紀之交，由貝洛克（Hilaire Belloc）與羅森菲德（Paul Rosenfeld）翻譯成英文。不可避免地，我的改寫在材料上必然有所節略，而節略勢又會削弱故事的力量，因此，在許多地方，無論是對話或敘事，我都直接引用這兩位譯者非常出色的英文翻譯（引述的部分以斜體字表現〔中文為楷體字〕）。這裡舉一個例子，故事的最後一幕，王后伊索德從船上登岸，拚命尋找崔斯坦：「*直衝而上王宮，斗篷飛舞如狂……*」如此這般，接下去就是一段最美的英文譯文。

　　這本譯作堪稱罕見的藝術作品，保留了古英文的純樸及詩的意象，全無自以為是的虛華做作，無損原文分毫，無論學者或一般讀者，都應該從頭到尾讀完這本絕妙的譯作。

我沒有採用貝迪耶版本的地方只有一處，一個重要的細節：情藥在兩個戀人身上發揮神奇藥效的那三年期間，我引用的是貝洛爾（Béroul）的版本。貝洛爾是第一個講述崔斯坦故事的詩人，在我看來，他的版本更接近神話初發（first grew）的原鄉土壤。

寫給女性讀者

在崔斯坦與伊索德的故事中，女性讀者將會發現，人一旦陷入戀愛，無論男女，都會感受到一幅清晰的象徵畫面：有一股強大的力量在作祟。

這則神話故事不僅記錄了戀愛（romantic love）在男性心理中的動態，也反映了女性在西方文化中的命運，並告訴我們，女性的感情、親密關係及心理意識，其價值實際上全都是西方父權思想下的文化產物。對女性來說，這個神話最重要的洞察之一就是：就某種程度來說，多數男性都是無意識地在尋找自己所失去的陰性面向，尋找生命中的陰性價值，試圖透過女人找到自己無法活出的陰性部分。

但接受父權現實的並非只有男人，女人同樣被教導要服膺陽性價值，其代價則是貶抑生命中的陰性面向。許多女人終其一生活在卑微之中，因為她們覺得女性是「次等的」。女人從小就被教導，唯有男人的活動、思想、力量及成就才具有真正的價值。因此，西方女性發現自己有著和西方男性相同的心理矛盾：貶抑自己的陰性面向，培養單面向的陽性特質——好勝、主控。

這則愛情神話的重寫，儘管是站在男人的立場，是透過男人的眼光，但女人仍然可以在其中發現許多自身的體驗。不過，女性讀者應當要記住，這則神話並不一定是在反映女性心理，或某種女性的戀愛經驗。事實上，另有「女人的神話」，例如「愛神與賽

姫」（Eros and Psyche，參閱拙作《她》〔*She: Understanding Feminine Psychology*〕[1]），就更精確地呈現了女人的內心世界。

男人與女人的心理結構明顯不同。如果硬要透過一則「男人的神話」充分解析女人的心理，不可避免地會扭曲其結構。在戀愛中尤其如此，因為女人的感情發展異於男人，對親密關係的感受也有著男人無法同樣感受到的微妙差異。

多數女人為了經營自己與男人的親密關係，處理他那看似難以理解的情緒、想法及反應，無不費盡心思。女性讀者若能隨著崔斯坦與伊索德走上一趟，當可以更了解自己生命中的「崔斯坦」，知道如何抓住他內在最好的一面，但同樣重要的，也可以更清楚地看到自己所不知道的自性（self）。

註釋

1　編註：心靈工坊即將將本書與作者強森的 *He: Understanding Masculine Psychology* 兩書合併成一冊出版，預定 2021 年春天上市。

〔前言〕鼓起勇氣，誠實審視戀愛

　　在西方心靈中，戀愛（romantic love）自成一個最大的能量體系。在西方文化中，戀愛取代了信仰，成為男人與女人尋求意義、超越、完整與狂喜的場域。

　　戀愛為西方一獨有的普遍現象。關於戀愛的種種理念及說法，我們無不耳熟能詳，因此，我們認為，戀愛是「愛」的唯一形式，是婚姻與親密關係的基礎，但是我們其實可以向東方取經，多多學習。在東方文化中，譬如印度及日本，我們發現夫妻之間鶼鰈情深，其穩定與忠誠往往令我們汗顏。不過話又說回來，他們的愛並不是我們所熟知的「戀愛」。對於親密關係，他們所接受的並不是同樣的理想，也不像我們那樣，對另一半有著難度極高的要求與期望。

　　戀愛，不只是一種「愛」的形式，而是一整個心理狀態，其中有信任，有理想，有態度，有期望。所有這些往往互為矛盾的想法共存於我們的無意識中，支配我們的反應及行為，我們卻全然無所覺察。對於與另一個人的親密關係，我們該如何感受，該「割捨」什麼，我們自有自己的想法。

　　之所以如此，因為戀愛並不只是愛一個人，而是「相戀」。這是一種非常獨特的心理現象。兩個人一旦「相戀」，我們相信自己已經在另一個人的存在中找到了終極的生命意義。我們覺得自己終於完整了，找回了失去的部分自己。突然間，生命擁有了整體

（wholeness），擁有了人類所不能及的強度，將我們提升到了一個超越尋常存在的高度。對我們來說，這一切皆是「真愛」的象徵。這一整個心理狀態，包括一個無意識的要求：我們的情人或配偶永遠會為我們帶來這種狂喜與熾烈的感受。

西方人一向自以為是，總以為我們的「愛」——戀愛——才是最好的，其他各種兩人之間的愛，相較之下既缺乏溫度又無足輕重。但若西方人有自知之明，就必定會承認，在愛情的處理上，我們實在不怎麼高明。

「戀愛」時儘管我們欣喜若狂，但多數時候卻覺得孤獨，感到疏離，常常覺得未能得到真心相愛，未能得到忠誠相待而消沉喪氣。通常我們都會責怪對方辜負了我們；或許，真正需要改變的是我們自己的無意識心態，亦即我們對親密關係，以及對另一個人所強求的期望與要求，但我們做不到。

這就是我們西方心靈的巨大傷口，是西方文化的大問題。卡爾・榮格說，如果發現了一個人或一個民族的心靈傷口，也就找到了通往其意識的門戶。因為，在治療自己心靈傷口過程中，我們將會認識自己。如果我們真正用心去了解愛情，愛情也會成為一扇通往意識的門戶。西方人如果能把自己從無法自主的無意識承擔與期待中解放出來，對親密關係，乃至於對我們自己的自性，都會帶來新的理解。

在許多文化中，戀愛自古以來就有，在古希臘、羅馬帝國、古波斯及封建日本文學中都可以找得到。但歷史上，在所有的文化當中，戀愛成為一普遍現象只見於現代西方社會，只有我們西方社會才把戀愛（romance）當成婚姻與親密關係的基礎，並視為文化理

想上的「真愛」。

　　戀愛之於西方社會，濫觴於中世紀，首度出現於西方文學的就是崔斯坦與伊索德的神話，傳唱於吟遊詩人的歌詩之中，又稱為「宮廷愛情」（courtly love），典型內容是：英勇的騎士心儀一美好的女子，驚為天人，視其為至美至善的化身，是推動他追求高貴、虔誠、優雅及崇高人格的典範。時至今日，我們已經把宮廷愛情融入了性關係及婚姻，但仍然保持著中世紀的看法：對一個在我們心目中形象完美的男人或女人的心醉神迷的崇拜（ecstatic adoration）才是真正的愛情。

　　卡爾‧榮格明白告訴我們，一個人的生命中突然出現某種重大的心理現象，那就表示有巨大的潛在無意識能量竄升到了意識層面。對一個文化來說也是如此。在一個民族的某一個歷史點，一種新的趨勢從集體無意識中爆發出來，一種新的理念，新的信仰，新的價值，或新的宇宙觀，如果能夠整合到意識中，那就表示是一種正面的趨勢，但在它爆發之初往往勢不可擋，甚至破壞力十足。

　　在西方歷史中，戀愛就是這種勢不可擋的心理現象之一。戀愛興起，征服了我們的集體心靈，永遠地改變了我們的世界觀。但以我們的社會來說，我們還沒學會如何掌握戀愛這種沛然莫之能禦的力量，戀情往往變成悲劇與決裂，而不是天長地久。但我相信，無論男人或女人，一旦了解了愛情背後的心理動態，懂得有意識地加以掌握，在親密關係上，對自己，對別人，必都能夠發現新的可能。

　　本書用崔斯坦與伊索德的神話來探討戀愛。這則神話堪稱所有偉大史詩中最動人、最淒美、最悲愴的故事，是西方文學處理愛

情的第一個作品，是西方所有愛情文學的濫觴，從羅密歐與茱麗葉到坊間電影院放映的愛情故事，無不皆然。我們應用榮格心理學來詮釋神話中的象徵，從而明白其中所教導的愛情的源起、本質及意義。

一如帕西法爾（Parsifal）神話，崔斯坦與伊索德神話是「男人的神話」，講的是年輕的崔斯坦長成一個高貴無私的英雄，後來與王后伊索德熱戀，從而展開一段驚心動魄的人生經驗。整個故事有如一幅充滿象徵的巨畫，生動描繪一個男人陽性意識的發展，從努力奮鬥養成陽性特質（masculinity）到意識到自己的陰性面向，以及對愛與接納的處理。敘述一個男人消磨於愛情的歡樂、激情與痛苦中時，陽性心靈所承受之矛盾力量與忠誠的撕裂之苦。

然而，這則神話對女性也有極大的價值與好處，因為，崔斯坦所揭示的愛情心理動態同樣適用於男性與女性（參閱〈寫給女性讀者〉）。用心讀完這則神話，將之當成一段豐富的西方心靈之旅去加以體驗，不僅可以使女性更加了解生命中的男人，也可以更加明白那些在她自己之內運作的神祕力量。

誠實地審視戀愛，無論男女，都是一趟需要勇氣的旅程，強迫我們不僅要審視戀愛之美及其潛在的能量，同時審視我們內在無意識層面的矛盾與幻象。需要勇氣的旅程總不免要行經黑暗的幽谷，面對艱難的衝突，但若堅持下去，對意識必將獲得嶄新的認識。

〔關於故事〕一探神話裡的戀愛與心靈

　　各位貴賓，你們若要聽愛與死的動人故事，就來聽崔斯坦與王后伊索德吧；聽他們的歡喜，但也聽他們的悲傷，聽他們的相愛相惜，但最後，他們為愛共赴黃泉，她依偎著他，他依偎著她。

　　崔斯坦與伊索德的動人故事，如此這般開始。但見中世紀的吟遊詩人邊彈邊唱，招呼著老爺與夫人、騎士與平民，來來來，來聽一個曲折離奇的故事，一個冒險與愛情的故事。於是，人們聚了上來，或在城堡大堂，或在莊園大廳，圍著柴火，一同重溫騎士崔斯坦與他的至愛王后伊索德的「動人故事」。

　　這故事是史上偉大的神話之一，其莊嚴與力量媲美吉爾珈美什（Gilgamesh）、貝奧伍夫（Beowulf）或冰島傳奇（Icelandic sagas）。這樣的神話都有一個特徵，散發一種難以思議的力量，令人激動，令人振奮，將人拉出卑微的自我，提升至一個神奇、崇高、至情至性的境界。但神話並不止於此，懂得聽的人還能從中聽出某些心理學的信息，了解心靈的深度。

　　多年前，一位文法學校老師問班上的同學：「神話是什麼？」一個我和他父母都熟識的孩子舉起手，回答道：「神話就是內裡真實、外面不真實的某種東西。」老師不懂，但比起大人來，小孩子的心理學智慧往往更多些。其實，神話是真實的：就實質面來說雖然不真實，但卻精確表達了心理狀態，心靈的內在情況。

神話如夢。夢是無意識心智的信使。透過夢，無意識將其內涵及關切傳達給意識心智。一個人懂得了夢的象徵預言，就會懂得解讀無意識層內部的活動，甚至發現該如何因應。榮格明白告訴我們，神話也是無意識的象徵表達。但話說回來，夢表達的是一個人的心理動態，神話表達的則是一個社會、文化或種族**集體**意識的動態。

　　神話是整個民族在某一歷史點的集體「夢境」，彷彿是一整個民族一同作夢，這個「夢」，亦即神話，透過詩、歌及故事噴湧而出。但神話不止活在文學與想像中，很快地，也進入文化的行為及心態——進入了人們的日常生活。

　　崔斯坦與伊索德的神話是西方心靈的深層表現，傳達了許多「我們為何而活」的信息，提供了一幅全景，呈現過去數千年在西方人無意識中運作的心理力量。最重要的是，這則神話為我們描繪了一幅愛情的圖像，精確到令人痛苦的程度——愛情何以會進入我們的文化，愛情是什麼，為什麼總是好事多磨。

　　從我們的神話可以得知，在西方的心靈演化中，愛情是不可或缺的要素。唯有有意識地活在愛情中——亦即活在愛情所代表的巨大心理驅力中，我們才算是完整的，在意識的演化上才算是踏出了下一步。在意識的演化上，最大的問題往往也是最豐富的機會。

　　禪宗教導我們，內在的成長往往都會遇到一種「紅炭鯁喉」的經驗。在我們的成長中，往往會碰到問題，遇到障礙，深到「吞不下去，咳不出來」，正好可以形容西方的愛情經驗：有它，活不下去，無它，也活不下去——吞不下去，咳不出來！喉嚨中的這塊「火炭」提醒我們，巨大的演化潛能正呼之欲出。

榮格多年沉浸於多采多姿的心靈世界，熟稔其原理原則，在心靈的方寸間，他看到了一股巨大的演化力量在運作。他發現，人類的心靈一直在追求完整，追求自身的完成，要變得更為自覺。無意識心智努力想要將自身的內涵提升到意識層次，好讓自己在人格上得以整合得更自覺。每個人的心靈天生就有一股追求成長的演化衝動，想要把無意識的內涵加以整合，把整個人不聽管束的部分帶入一個完整的、一體的意識自性（conscious self）。

　　按照榮格的說法，無意識才是**本源**，是根本源頭，意識心智及自我人格都是從那裡衍生而來。所有我們意識的人格表現，包括價值、思想、感情、能力及心態，都源自於無意識的自然初始狀態。

　　這樣的說法，我們拿珊瑚礁的形成來做比喻就清楚了。海洋用自身的物質一點一滴製造了一個島礁，將之推升至水面，曝露於陽光下。千萬年之後，先有了表土及植物，然後出現了動物及人類，於是小島變成了一個人類生活與意識的中心。一如廣袤的海洋，集體無意識誕生了一個小島；這是一個自覺的心靈，一個自我（ego），亦即「我」——一個自己意識到的我。

　　此一小小的自我心智（ego-mind），在廣袤的無意識包圍之下，要達成一項崇高任務，一項特別使命，在這個演化過程中，其責任在於不斷地與無意識整合，直至意識心智對自性的整體性做出真正的回應。

　　人類都受制於此巨大的演化力量，無有例外。演化過程中，當集體無意識進入一個新的階段時，任何障礙都容不下，為了推動新的理想或新的可能進入一個群體的意識心靈，會把社會搞得天翻地覆，形成社會運動，催生新的信仰，乃至推翻一個帝國。

若要真正了解神話或愛情，此一心靈演化的觀點十分重要。愛情於西方的出現，在這齣演化的宇宙大戲中開啟了重要的篇章。愛情是面具，背後隱藏著一系列新的可能，等待整合到意識中去。但心靈能量的巨浪，其形成卻是始於**個體**層次，完成這項任務，使整個美妙過程在我們自己靈魂的方寸之間瓜熟蒂落的，始終都是個體（individuals）。身為個體，一切取決於我們，接受愛情這種原始的無意識能量、紛陳的慾望衝動，以及各種的可能，將之轉化成為覺察與接納。

　　所有偉大的神話都是在象徵人生的成長階段。這些劇力萬鈞的故事之所以如此扣人心弦，深入人心，道理在此。崔斯坦與伊索德則是一幅象徵西方心靈心理發展到了轉捩點的藍圖，我們在其中看到了矛盾及幻象，也看到了潛在的發展趨勢。

　　接下來，我們就來深入探討這個「動人的愛與死的故事」。偶爾我們會停下來閱讀這幅藍圖中的象徵語言，學習接受這則神話中的智慧。

I

崔斯坦的誕生及成長

故事情節

很久很久以前，亞瑟王時代，英明的康瓦爾（Cornwall）國王馬克（Mark），公正仁慈，深受人民愛戴。但時運乖戾，兇殘的敵人包圍馬克，入侵他的領土。所幸英明的萊昂列斯（Lyonesse）國王李維隆（Rivalen）跨海遠從法蘭西率兵來援，馬克贏得大勝，為感恩圖報，乃將唯一的妹妹布朗瑟芙勒（Blanchfleur）許配給李維隆，以示永結盟好。Blanchfleur 意為「白花」，布朗瑟芙勒人如其名，嬌柔、美麗、白皙。王家婚禮在廷塔哲堡（Tintagel Castle）舉行，沒多久布朗瑟芙勒有孕在身，就是那命運多舛的孩子崔斯坦。

隔沒多久，惡訊傳來：兇殘的摩根公爵（Duke Morgan）心懷不軌，竟然起兵進犯李維隆王萊昂列斯的城鎮。李維隆啟航，帶著新后揮師回征。血戰數月，可憐的李維隆王身中暗算，死於摩根之手。布朗瑟芙勒聽聞噩耗，面無血色，暈厥在地，眼看命在旦夕。她已無意獨活，只願追隨夫君於地下。但此時她已身懷六甲，忍悲三日，唯願一死，至第四天，生下一兒，說道：「孩子，我指望見你久矣……身為女人所生之至美。我悲傷來此，悲傷生你，悲傷你出生的第一個大日子，悲傷你來到世界，你的名字就叫崔斯坦吧，意思是悲傷的孩子。」

於是，她為孩子取名，親吻他，然後死去。

羅哈特勳爵（Lord Rohalt）是李維隆王忠心耿耿的司禮官，眼看戰局無可挽回，便向摩根公爵投降，交出城堡，萊昂列斯淪入暴政統治，無一寸土得以倖免。但羅哈特將嬰兒崔斯坦藏身自己的兒

子當中，因而逃過了摩根公爵的邪惡之手。

　　崔斯坦與羅哈特的兒子一同長大，俊美高大，但他並不知道自己是誰，以為羅哈特就是自己父親。當他長大了，羅哈特教導他貴族所需具備的一切品格才藝：

槍矛與劍

盾與弓箭

擲石餅

障礙跨越

嫉惡如仇

言出必行

豎琴唱彈

熟練獵術

　　崔斯坦騎術精湛，人駒合一。他正直勇敢，雖然還是個孩子，劍術已經有成人的功力。無人不稱讚羅哈德有一個好兒子，但羅哈德心中自有分寸，待崔斯坦有如他的君王。

　　一天，挪威海盜偽裝商人，誘騙崔斯坦登船。儘管他初生之犢不怕虎，竭力抗拒，海盜仍將他結實綑綁，打算將這麼優秀的孩子賣到異鄉為奴。但大海容不得這樣一艘作惡之船，海上起了風暴，巨浪翻上甲板，海盜知道海洋諸神因他們犯的罪行發怒了，便將崔斯坦丟上一條小船，放流海上，瞬間，風止浪靜。崔斯坦克服萬難終於上岸，到了康瓦爾翠綠的海岸，那兒仍然是他的舅舅馬克王統治之地。

恰巧王室獵人經過海岸，見崔斯坦一表人才，深為喜愛，將他帶入王宮。但馬克凝視崔斯坦時，不知為何，悲傷與柔情並生。因為，在崔斯坦的臉上他看到了親愛的妹妹布朗瑟芙勒，她的血液在召喚他。

晚餐後，崔斯坦彈起豎琴，唱起老歌，聞者莫不心為之興起，淚盈眶，馬克王說道：「孩子，教你的師父真神人也，而你一定也蒙神庇佑，因為神喜愛好的歌者……你既來到這屋頂下，令我們歡喜，朋友，不如長期留下，彼此親近。」

崔斯坦應道：「陛下，我將留下，忠誠侍奉你如同我主。」他在廷塔哲堡一住三年，馬克王如父親一般待他，彼此生出深厚感情。

三年過去，忠心耿耿的司禮官羅哈特遍尋崔斯坦不得，來到了康瓦爾。崔斯坦的身世真相大白：馬克王的親外甥，李維隆王之子，萊昂列斯的王位繼承人。於是，崔斯坦率領一隊勇猛的騎士，渡海前往萊昂列斯，起兵於鄉村，民眾爭相奮起，對抗摩根的暴政。戰場上，仇人相見，一決高下，崔斯坦揮劍，手刃摩根，報了摩根當年的叛逆之仇。

但崔斯坦不登基，而是將萊昂列斯的王位讓予羅哈特。他向羅哈特說道：「我是這裡的王，人親土親，但我心繫舅舅，英明的馬克王。如今暴君已死，我把這裡託付給你，忠心耿耿的羅哈特，請你替我治理。我必須起程回到馬克身邊，侍奉他有如我主。」

聽了這番話，眾貴族相擁而泣，因為他們想要挽留崔斯坦留在萊昂列斯，做他們的王，但他們卻回答說：「如此甚是合理，陛下。」

當時，愛爾蘭王國非常強大，對康瓦爾橫徵暴斂，康瓦爾人無不悲憤填膺，每四年還要進貢三百少男及三百少女，全都是他們兒女，送到愛爾蘭為奴，客死異鄉。但過去十五年來，馬克王拒絕進貢，愛爾蘭王大怒。當時，愛爾蘭王后為一法術高強的女巫，其兄弟為一巨人，名叫摩哈特（Morhalt）。摩哈特高大強壯，甚是了得，縱使五個騎士聯手也奈何不了他。

一個愁雲慘霧的日子，摩哈特帶領著大批騎士登陸康瓦爾，命令交出少年少女進貢。

「但聽好了！」他說道：「如果康瓦爾有哪個騎士跟我挑戰，我們公平決鬥，以決定愛爾蘭王是否接受進貢。如果愛爾蘭王是對的一方，神就會賜我勝利！」

王宮中，摩哈特傲然而立，面對所有的貴族，提出決鬥要求，但眾人沉默畏懼。第二天，他再度來到王宮前面，提出決鬥要求。彷彿鷹入雀籠，康瓦爾眾貴族無不顫慄，以翅掩面。但到了第三天，一位年輕孩子站了出來，跪在王面前說：「陛下，請讓我出戰。」正是崔斯坦。

崔斯坦出戰摩哈特，在離岸小島上。出戰之日，眾貴族相顧哭泣，為自己沒有崔斯坦那樣的勇氣感到遺憾及慚愧。民眾隨著崔斯坦來到岸邊，流淚祈禱。他們仍然懷著希望，因為除了寄希望於萬一，他們別無所有。

到了決鬥戰場，崔斯坦自小船上一躍而出，轉身推開小船放諸水流。摩哈特大驚，但崔斯坦說：「我們兩人只有一人能活著離開，留一條船就夠了。」

留在岸上的人們聽到島上傳來三聲慘叫。摩哈特的騎士們笑

了起來，勝利在望。康瓦爾的婦人們哭泣，舉行哀悼儀式，排成一列，手牽著手，嚎啕慟哭悼念。

正午時分，眾人看到摩哈特的小船從小島返回，風起帆揚，鼓起皇家紫色船帆。這一來希望落空了，他們絕望哭泣。但當小船接近，突然間，他們看到崔斯坦站在船頭，手持雙劍，盔甲上陽光閃閃生輝。年輕人一擁而上，躍入水中，興高采烈，游出去迎接。當他們拉著小船靠岸，崔斯坦對摩哈特的騎士們說：「愛爾蘭的大人們，摩哈特驍勇善戰。看，我的劍都折損了，一段碎片剛好正中他的頭顱。大人們，那截碎片就請取去，作為康瓦爾的進貢吧。」

儘管傷口血流不止，崔斯坦步行穿越廷塔哲的街市，直上城堡，所經之處，民眾沿途揮舞翠綠樹枝，拋撒鮮花，高聲頌讚神；色彩繽紛的掛氈從窗戶垂掛下來，一路上鐘聲鳴響，號角宏亮，歡聲雷動。城堡前，崔斯坦因傷暈厥，倒在馬克王的懷裡。

崔斯坦的傷勢日益惡化，因為摩哈特刺傷他的倒刺有毒。他面無血色，身體衰退，無論醫生或巫師都束手無策，因那毒藥只有女巫愛爾蘭王后及她的女兒——金髮伊索德——知道解毒的祕咒。白日夜晚，她們守護著摩哈特的遺體；白日夜晚，她們詛咒萊昂列斯崔斯坦的名字；白日夜晚，她們渴望復仇。

崔斯坦知道，在康瓦爾，自己無藥可醫。他的心告訴他，到海上去，無論治癒或死亡，都要到海上去。

「我要到海上去試試，那兒才有機會……讓大海帶我獨自遠行，去到哪一片土地無關緊要，只要能治癒我的傷。或許哪一天，我還能再度為您效命，親愛的舅舅，作您的琴，作您的獵人，作您的臣僕。」

他們將他輕輕放上一艘小船，無帆也無槳，劍則留在岸上，因為劍於他已經毫無用處。但他帶著琴上船，以為路上自娛。然後，人們含淚推他入海，將他交託給神，大海隨即將他帶走……

七天七夜，崔斯坦躺在海上，漸漸漂近一處海岸。暗夜沉沉，漁人聽到柔美的樂音如銀，漂在水上。天明時分，他們發現他，奄奄一息，手放在瘖啞的琴上。漁人將崔斯坦帶上岸，立刻傳話給他們的公主，因為她天賦異稟，擅長醫療。

他們的公主，金髮伊索德，母親是女巫愛爾蘭王后，至於那個港灣呢？則是懷特海汶（Whitehaven），是摩哈特的墓塚所在。就這樣，受傷的陌生人被帶到了伊索德公主面前，世上所有的女人當中，能夠治癒他的唯有她；但世上所有的女人當中，最希望他死的也是她。

布朗瑟芙勒

現在我們暫停，把崔斯坦留在愛爾蘭，先來仔細審視一下這則神話的象徵語言，了解一下神話所要教導的啟示。

　　故事一開始，我們都知道，主人翁生於悲傷，來到世間的第一天就失去了母親。但這個孩子代表什麼？對我們來說，布朗瑟芙勒的死亡又象徵著什麼？

　　崔斯坦失去母親並不是他一個人的事，因為崔斯坦是現代西方男性的原型，是我們現代男性的第一胎。崔斯坦的精神就是我們的精神，他的世界就是我們的世界，他的問題就是我們的問題，他失去的就是我們失去的。

　　就心理層面而言，我們的現代時期始於十二世紀，亦即崔斯坦誕生及這個神話產生的時代，那個世紀是西方歷史一個重大的分水嶺，現代西方精神的種子就是在那個時期種下：今天的我們——我們的心態、價值、矛盾及理想——全都是由那粒種子萌發的。集體心靈有如一棵枝葉四覆的大樹，是一個世紀一個世紀慢慢長成的。對此一巨大的演化所形成的集體心靈來說，千年只是瞬間。

　　崔斯坦就是那個新生兒，出生於中世紀，成長了一千年長成現代的西方男性。他的母親與父親，布朗瑟芙勒與李維隆王，象徵舊秩序、歐洲的古代精神。他們死亡，但生下的孩子是現代的西方精神，崔斯坦，新男人。

　　布朗瑟芙勒慘死，把崔斯坦丟在一個悲慘扭曲的世界，陰性（feminine，或稱女姓）的痕跡幾乎全都喪失了。一如崔斯坦，我們繼承了那個世界。因為布朗瑟芙勒是內在的陰性，她象徵的是西方男人內心的陰性靈魂，是曾經存在於西方文化中的陰性價值。她的死亡紀錄了我們歷史上那個悲傷的日子：我們的父權心態終於徹

底將陰性趕出了我們的文化，趕出了我們的個人生活。

崔斯坦所接受的教養是「貴族才藝」，那是什麼？擊劍刺槍、騎馬射箭、跨越障礙、狩獵，全都是搏擊之術。在他的世界裡，強調的無非生命中陽性的一面：施展力量，訓練打鬥，保疆衛土。每個英雄都必須具備這些本領——非此不可！但這代表的只是一半的人性。馬克王沒有王后，而妹妹布朗瑟芙勒已死，整個生命中陰性的一面——愛、情感關係、內省、直覺與感性的生命經驗——在康瓦爾及萊昂列斯全都消失。崔斯坦唯一還保留的陰性特質殘餘就是他的豎琴，而如我們所知，保住他性命的也正是豎琴。

這裡所謂的「陰性特質」（the feminine），如果我們先有個清楚的概念，對於要講的故事也就會理解得更清楚。

榮格發現，心靈本身是**雙性的**（androgynous），兼具陽性（masculine，或稱男性）與陰性的成分。因此，每個男人與每個女人生來所具有的心理結構，就整體來說，這兩個面向、兩種特質、兩種能力及優點，全都包括其中。心靈自發地將本身分為互補的對立，將某些特質歸於「陽性」，某些則歸於「陰性」，並將之表現成為一個陽性與陰性的綜合體。有如古代中國心理學中的陰與陽，兩個互補的對立互為平衡，互為充實。任何人類的價值或品質，就其本身來說，無一是完整的。如果我們想要得到平衡及完整，就必須將「陽性特質」與「陰性特質」整合，有意識地將兩者「搭配」起來。

我們懂得接納，懂得愛，心靈都將之視為「陰性」特質，是來自於心靈的陰性面向。相對地，施展力量、掌控局面及保衛領域的能力，心靈則視之為「陽性」的力量。要成為一個完整的男人或女

　　　　　　　戀愛中的人：榮格觀點的愛情心理學

人，每個人都必須發展心靈的這兩個面向，要能剛也要能柔，要能收也要能放，要能順應運勢，要能因地制宜。

若是從這個角度看，「陰性特質」所指明顯不是「專屬女人的」，而是男人與女人所共有的內在心理特質。一個男人如果發展其內在的陰性特質，實際上是在補足他的男性特質，使他成為一個更為完整的男性，一個更為完整的人。身為一個男人，能夠真正愛自己的孩子又能夠在事業上努力奮鬥，那才是最強的男人。男人若能夠接納、勇於表達自己的愛與感情，表現自己的陰性特質，正足以增強並平衡自己的陽性力量。

每個人都擁有追求完整的潛在動能，將我們內在衝突的部分整合起來。這個人的整體有一個簡單的名字，榮格稱之為「自性」（self）。

自性就是每個人內在的各種力量、動能及特質的總和；也正是此一總和，成就了我之所以為我——一個獨一無二的個體。自性，是人的存有核心內一個平衡、和諧、對稱的統一體，每個人打從內心都可以感知得到。但我們的意識心智卻很少體認到它的存在，我們很少覺得自己是統一體（unity），是整體的。一般來說，我們總覺得自己是一團混亂，是由互為矛盾的慾望、價值、觀念及期望所構成，它們有些是意識，有些是無意識，各行其是，互相拉扯。

「覺悟」，就是要意識到這些自我的分裂與矛盾，喚醒統攝這一切的。喚醒自性的統一體（the unity of the self），乃是心理演化的主要目標，是無價之寶，是最深層的嚮往。心靈具備陽性與陰性的雙重特質，充分說明了此一可能。

在神話的象徵中，自性往往以一對陽性與陰性來表示：王與

后、神裔兄妹，神與女神，經由這類皇家配偶象徵，心靈告訴我們，雖是互補的對立，但自性實際上是一。這意味著我們必須「結婚」，亦即人類本質兩大極端的一種神聖結合。有如陰陽雙龍，內在國王與王后透過自性的永恆之舞，以陽性與陰性的能量創造我們的世界。

但崔斯坦的世界沒有王后！雖有一王，馬克，但王后已死，布朗瑟芙勒已經了離開人世。

然而，為生命帶來意義的是陰性特質，這包括接納其他人類，以愛柔化力量，重視內在感情與價值，尊重自然環境，沉醉於大地之美，以及透過內省求取內在智慧。如果少了這些特質，生命還有多少意義？仗劍執槍，我們建立了帝國，但意義何在，所為何來？

但布朗瑟芙勒之死並不意味我們永遠喪失了這些特質。在神話及夢裡，死亡意味著某些東西脫離了意識心智，但仍然留存於無意識中，等待重生，進入意識。今天我們就看到，許多人嘗試要將布朗瑟芙勒從無意識中找回來，努力學習表達內心的感受，表露真性情，喚醒生命中的本能。其中雖不乏裝腔作勢，三分鐘熱度，到頭來落得擁抱自我意識，被迫有「自發性」，但至少人們試圖要找回布朗瑟芙勒。

布朗瑟芙勒為什麼會死？為什麼我們西方人會喪失了那樣的能力，去愛，去感受，去接納？

我們這就來看看布朗瑟芙勒！身處戰亂危世，她為報救援之恩而締結駕盟，然後又一頭栽入萊昂列斯的戰爭，丈夫戰死，讓她痛不欲生。她隨軍征戰，耳聞目睹無非士兵、戰鬥、盟友、死亡。我們文化中的內在陰性如出一轍，隨時隨軍出征，車駕蒙塵，任人驅

策，身不由己，困窒於殺戮，被遺忘於金鐵交鳴殺聲震天之中。

在萊昂列斯那個寒冷的日子，隨著布朗瑟芙勒死去，西方心靈中的陰性靈魂飄然而逝，渡海而往愛爾蘭，往某個神祕的島嶼。她活在無意識中，等待時機重返人間。

悲傷的孩子

我悲傷來此，悲傷生你，悲傷你人生的第一個大日子，悲傷你來到世界，你的名字就叫崔斯坦吧，意思是悲傷的孩子。

馬克王、李維隆王及摩根公爵的世界正是我們父權心態的鮮活象徵。無分男女，我們全都沒有充分意識到自己是如何受制父權偏見。男性對權力、財富、聲望及「成就」的追求，使我們的心靈為之匱乏，將陰性價值逐出我們的生命，凡此種種，我們全都還未充分覺醒。

一如崔斯坦，我們都是悲傷的孩子。西方人全都是內在貧乏的孩子，儘管外在上我們擁有一切。歷史上，或許沒有其他人如此寂寞，如此疏離，如此價值混亂，如此神經質。對環境的支配，我們無所不用其極，凡事機關算盡。對財富的搜括，我們達到前所未有的地步。但我們當中，很少人，的確很少，內心是平安的，關係是穩定的，感情是滿足的，活得是自在的。我們絕大多數人呼求生命的意義，呼求可以安身立命的價值，呼求愛與親密關係。

我們悲傷，是因為喪失了陰性價值，因為我們將之貶抑、逐出了我們的文化；在一個唯力量、競爭與「出人頭地」是求的文化中，布朗瑟芙勒根本無法存活。神話一開始，我們就看到了，我們為崔斯坦的出生所打造的是一個什麼樣的世界？戰爭連年，兵刃相接，人們滿腦子想的是建立帝國，擴張領土，

累積財富，不惜任何代價支配環境。這一切，我們稱之為進步。但也正是這偏頗的心理，李維隆與布朗瑟芙勒命喪黃泉，崔斯坦淪為孤兒。

李維隆王與布朗瑟芙勒結為夫妻，象徵我們西方人以父權為

核心的結合心理，但這卻是絕路一條，因為這樣的想法建立在一個前提上：女性價值永遠要為男性的權力需求服務。最後，摩根公爵——象徵父權心理的總結——摧毀了此一脆弱的結合：他殺了王與后。

布朗瑟芙勒從未得到她應有的社會地位，她所代表的價值從未獲得應該得到的尊重。馬克雖然愛妹妹，但為了報答李維隆出兵相助，將她交易給了李維隆，藉此鞏固彼此的盟誼。她只是一項財產，在男性自我的心目中，無非權力運用的一枚棋子而已。如果我們夠清醒，在我們的社會中也可以看到同樣的情形：男人利用女人的情感控制她，有人跟你套交情只是為了要推銷東西給你的朋友，電視廣告說「如果我們真正愛孩子」就要買他的產品，諸如此類，無不是出於自利，搬出愛與感情，卻是作為權力與利益的祭品。我們這個社會至今仍在出賣布朗瑟芙勒。

摩根公爵代表一個極端，是集父權心態之惡的大成。李維隆王已經轉身背對他，他謊稱等待，卻痛下殺手。他一不做二不休，毫無是非心，窮凶惡極。摩根公爵象徵的是內在陰性特質已經喪失殆盡、只剩下陽性那一半的心靈；代表的是一股瘋狂的力量，完全沒有愛、情感及人類價值予以平衡。他追求的只有權力，人性泯滅，冷酷無情。

在我們這個時代，要找摩根公爵根本不費力。他可能掌管著政府，可能經營公司，也可能料理家務。如果我們用心考察，你我的活動範圍之內，這類人到處都有，因為他們無所不在。我們一旦貶抑自己內在的陰性特質，切斷了與陰性價值的聯繫，我們也就成了摩根公爵，每天想的，無非出人頭地，如何贏過別人，如何在事業

及社會上更上層樓，如何叫家人及朋友都聽自己的；忘了凡事都該忠於自己的價值、自己內在的自性及我們所愛的人。

摩根公爵的陰魂喚醒了我們深層的心理真實：人心若不能在互補的對立上取得平衡，便無法活出真正的健康。如果我們的陽性特質排擠它的「另一半」——陰性特質——陽性特質就會失去平衡，會生病，最後，會變得醜陋不堪。力量，少了愛便成為殘酷；情感，少了陽性的強度則是感情用事。

人性的一個面向若是過度發展，沒有另一個面向予以平衡，則會趨於專橫，那就是殘暴的摩根公爵。這樣一來，與其互補的對立面遭到壓抑進入了無意識，那就是布朗瑟芙勒。但無意識並不會容忍這種失衡；我們都知道，追求完整、一體、平衡乃是心靈世界中最強大的力量。陰性特質將重返。隔海的伊索德正在等待。當伊索德出現，自以為掌握一切的父權世界將徹底改頭換面。

因此，悲傷的孩子是有希望的。崔斯坦也是希望的孩子。孩子作為一種象徵，永遠代表一種新的可能，一種在人類心靈中誕生的新意識。崔斯坦繼承的是一個悲傷的世界，但也繼承了內在的力量，是打造一個新世界及新理解的潛力。崔斯坦是一個英雄，他將擊敗摩根公爵，奪回他的基本權利。他將發現伊索德，布朗瑟芙勒的化身。我們都是崔斯坦，每個人都是崔斯坦。我們有他的悲傷，有他的挑戰，也有他的希望。

意識之島，神的大海

啟航──直向深不可測的水域，

啊，不知危險為何物的心哪，探索，我與你，你與我，

我們將航向水手迄今不敢一探之地，

我們將置船於險地，包括我們自己與所有的人。

啊，勇敢的心哪！

啊，向前，向前航行！

啊，冒險之樂，但卻安全！那不都是神的大海嗎？

啊，向前，向前，向前航行！

──華特‧惠特曼（Walt Whitman）

〈印度之旅〉（Passage to India）

　　有史以來，對全體人類來說，大海一直都是無意識的偉大象
徵。大海上島嶼羅列，異域奇邦，遙不可及，代表的是廣大的未知
領域。對這些神祕、魔幻、飛毯及精靈的地方，我們的嚮往有著深
層的內在意義，那其實是我們在懷想自己心靈深處未經探索的神
祕，懷想隱藏於自己內心的可能，懷想一切自己所不知道的、不曾
經歷的、不敢踰越的。

　　在崔斯坦的時代，世界很小。大海另一端的未知異域是愛爾
蘭。那兒有一個女巫王后，一個傳奇性的公主，還有許多龍和巨
人。在華特‧惠特曼的時代，印度象徵神祕未知的無意識領域，航
向印度乃是前往無意識的「水手迄今不敢一探之地」的英雄之旅。
在我們的世紀，我們則有另一種神話，另一種象徵。從遙遠的銀河
系及星球，太空船載來外星人，其文明比我們更優越更強大，從他

們那裡，我們學習新奇絕妙的事物。

所有這些神話，每一則都是在描繪人類的心靈。住在康瓦爾小島上的那個自我，只是廣袤心靈宇宙的一小部分，但整個汪洋大海或無意識，整個廣袤的星際空間，卻有其他的「意識島嶼」，各有其價值、實力及觀點，這些意識核心都是自我必須加以整合的。

康瓦爾是個自我島嶼，當家的是父權的陽性心態。愛爾蘭則是無意識的母系女性島嶼，當家的是女巫王后。兩者如果少了互補的對立都無法生存。康瓦爾必須到愛爾蘭去，否則，愛爾蘭就得去康瓦爾。

無意識不停地將崔斯坦拉向愛爾蘭，崔斯坦是英雄，身負將兩者牽繫一起的重責大任。他必須將自己放流到神的大海，去到「水手迄今不敢一探之地」。

甚至連海盜都扮演了促成此一演化的角色。當自我啟程展開航向整體的整合之旅來臨時，不可思議的事情發生了；命運差遣的使者都很奇怪。被海盜綁架看起來是災難，很可怕。但當我們漸漸懂得了道理就會明白，人生的災難往往是無意識的傑作，迫使我們的自我進入自性的新經驗。因此，命運偽裝成一身酒氣與血腥的海盜，把崔斯坦拖出來，強迫他去到演化之旅的下一個港口。

沒錯，康瓦爾與愛爾蘭之間有著宿怨。內在的整合動力往往以衝突展開。因此，我們初次談到愛爾蘭時，也就聽說了貢品，非常惡劣的那種——三百少男和三百少女！啊，那又意味著什麼呢？

無論男女，如果堅持父權心態，拒絕跟內在的陰性和解，她就會要求進貢，換句話說，當無意識有著某種強烈的新衝動時，如果我們拒絕整合，無意識就會索取貢品，形式不一，有可能是精神

官能症、強迫情緒、疑病症、強迫行為、強迫妄想或嚴重憂鬱。榮格的作品中就有一個鮮明的例子。他的一個病人，高等知識分子，一個科學家，一直堅持過著一種不要感情、不要親密關係，也不要宗教信仰的生活。突然之間，他妄想自己得了胃癌。癌症實際上根本就不存在，但他恐懼萬分。妄想癱瘓了他的身體也摧毀了他的事業。儘管理智清楚，他卻解決不了自己的問題。直到他願意整合他心靈的陰性面向——多年來棄如敝屣的人類價值及精神價值——才得以緩解這些強迫妄想。而這不是別的，正是摩哈特！摩哈特劍尖底下強索的貢品。

問題其實很簡單，只要我們懂得重視內在的陰性特質，知道如何到愛爾蘭去和解就行了！但我們不是，我們身不由主，讓無意識的陰性面向傾瀉而出，於是，我們暴飲暴食，我們被情緒綁架，我們頭痛。如果我們懂得更有意識地活出陰性特質，阿斯匹林的銷售量鐵定大幅下跌。我們需要學會到陽光下散步，欣賞大地的色彩，尊重我們的身體，聽到生命中的樂音，傾聽自己的夢，對自己所愛的人表達愛意，然後，我們能夠和解，不再看到摩哈特侵門踏戶，不再有劍架到我們的脖子上。

但我們不這麼做，而是死守著父權心態，困在康瓦爾走不出去。我們必須把自己既不接觸又不了解的那一部分我找回來，航向深不可測的水域，儘管危險重重，然而，在神的大海上，卻是不思議的安全。

劍與琴

崔斯坦既是西方人的自我——故事中經驗種種的那個「我」——也是個英雄角色。這對我們有著重大意義。對西方人來說，自我必須是英雄。唯有英雄氣概才能提升自己，超越卑瑣狹隘的自我中心，追求更高的理想，為自己的成長做好準備。

　　英雄的使命非常明確：展開內在之旅，面對龍與巨人，找出埋藏的寶藏。今日，英雄的外在角色愈來愈微不足道，既無城堡可攻又無巨龍可屠。但英雄的使命人人可得而承擔，無論男或女，無論所處外在環境為何。為追求一己內在完整，人人皆有能力承受其重負。

　　英雄需要兩樣物件，一把劍，一把琴，因此，我們的故事正是劍與琴在崔斯坦內心的交響。崔斯坦以劍戰鬥，先是與邪惡的摩根公爵，然後是殘酷的摩哈特，劍象徵陽性力量所展現的鋒利與勇猛。一劍在手，英雄行走世界，掌控局面，強勢主動，擊敗對手。至於心智上，劍則是辨別分析的判斷力，象徵對問題與意見的「明快」理解與應對，是心智至關緊要的邏輯能力。

　　我們每個人都需要劍的力量：有的時候，我們需要訴諸邏輯與分析；有的時候，需要果斷剛毅；但有的時候，邏輯與力量卻使不上力，這時候就需要轉而訴諸琴。

　　與摩哈特大戰之後，崔斯坦受傷，劍於他已經不再有用，放下劍，他拿起了琴。在海上，伴著他的是琴。琴是表達感情和心情的，相當於內在的陰性面向。透過琴的力量，他表達感情，表達愛，建立關係。透過琴的力量，崔斯坦喚醒了他與舅舅之間的愛。聽了他的琴，馬克王喊道：「你既來到了這屋頂下，又令我們歡喜，朋友，何不長久留下，彼此親近！」

琴，代表的是價值感的培養、善與真的肯定，以及美的欣賞；琴，可以使英雄仗劍追求高貴的理想。我們的故事告訴我們，使我們能夠投身無意識大海之旅的，是琴。

若要完整，兩者缺一不可。沒有劍，琴不足以成事；沒有琴，劍只會成為自以為是的利器。於人類的生活領域中，人們常把這兩種力量搞混，在親密關係上尤其如此。我們就常聽說，男女之間「解決問題」，動輒訴之辯論，批評，講道理，抓語病，雞蛋裡面挑骨頭，搞到後來甚至會問，婚姻中或共處時，那種自然流露的情意及恩愛怎麼全都沒了！這種談問題的方式根本就是執「劍」相向，唇槍舌劍，肯定沒有好的結果。

劍，無法建立關係：什麼事情都解決不了，無法整合，只會撕裂。若要癒合關係，建立關係，唯有訴諸琴的語言，你必須肯定別人，表達自己的愛、感情與誠摯。千古不變的法則是：琴可以療癒、整合，劍則是刺傷、割裂。

但話又說回來，崔斯坦完勝摩哈特，卻是**正確**用劍的重要一課。這一點不可不知。摩哈特代表的是可怕的力量——原始的、生猛的力量——是無意識的陰性特質突然釋放出來，對抗企圖壓制她的陽性自我。摩哈特一旦登場，那可就不是戀愛了，而是你死我活的戰鬥。無意識的陰性特質不僅要求要在男人生命中有一席之地，還要求絕對的控制。她不僅要崔斯坦進貢，還要他臣服。

這乃是從一面倒的父權心態變成了一種同樣失衡的女性心態，這中間沒有婚姻，沒有整合，有的只是陰性特質對另一個極端支配的反撲。如果一個男人就此投降並向她進貢，也就是說，在與摩哈特的戰鬥中，他的自我遭到徹底擊敗，那麼，他就會失去自己的陽

性特質，成為自己的陰性特質的奴隸。

這種情形常見於某些男人生命中的某個階段。一個向來強悍、積極進取的男人，突然遭到受壓抑的陰性面向攻擊，其表現出來的形式有可能是生病、沮喪，或對生活失去興趣，突然間，成了一個喜怒無常、過度情緒化、優柔寡斷的人，倒退陷入自閉及疑病，弄到後來，必須由妻子來替他做決定。

這在我們的故事中是一個很大的矛盾。在陽性自我尚未與陰性特質和解，未與其對立面結合之前，會先和摩哈特大戰一場。對抗內在陰性的原始力量，男人要先保護自己，要把陽性自我的力量培養得足夠強大，才能夠平起平坐面對內在那股強大的陰性特質。

許多西方人以為，東方信仰或哲學是要消除自我，這其實是很大的誤解。我們必須明白，自我是絕對必要的，是意識演化這場大戲中不可或缺的關鍵角色。自我的使命是要前往內在的「愛爾蘭」，與廣袤心靈世界中不同的意識核心結合。為了要達成這項使命，男性的自我必須是一個英雄，一個崔斯坦。而英雄的第一項任務則是強化他的陽性意識。

這就是一個男人的劍術正道。他必須用劍的力量保護一己的意識，一如必須利用琴的力量投入無意識之旅。

崔斯坦大勝摩哈特之後，何等歡喜。我們還記得，人們歡呼奔走，鐘聲響起，宣告勝利。這正是一個人戰勝摩哈特，贏得他的男性氣概時的內心寫照；當下心裡生出強烈的自由感，因為，他戰勝了會使自己變得衰弱或依賴的力量。但歡喜歸歡喜，他卻是慘勝，毒刺進入了體內。

真是造化弄人！公理戰勝了邪惡，因崔斯坦的大勇，少男少女

獲得了拯救，殘酷的命運怎麼又叫崔斯坦身中毒刺呢？其實，那是要把崔斯坦帶到愛爾蘭去。若非如此，崔斯坦永遠不可能碰到金髮伊索德。若非如此，崔斯坦只會重回單一面向的康瓦爾父權心態，慶祝自己的陽性優越，再也不會想要處理自己的陰性特質。毒刺提示我們，搞定內在的陰性特質才是最後勝利：每一次的勝利都是一根毒刺，縱使歡欣慶祝，失敗卻滲入了他的血脈。正是這一點，最後迫使一個人放下自己的傲慢自大，自動向陰性特質靠攏。

我們都看到了，崔斯坦如何放下自己，在適當的時候，以適當的方式：他放下劍，登上小船，無帆無槳，只帶一把琴，孤身一人放流大海。

這是一個人的自我在生命中找不到出路的時刻，所知有限，身陷絕境，又找不到解決的方法；崔斯坦正是如此，在康瓦爾，無論他怎麼找，沒有人能夠治癒他。一個人到了這樣的時刻，不得不交出控制，崔斯坦講過的話，我們應當還記得，他說：「我要到海上去試試，那兒才有機會……去到哪一片土地無關緊要，只要能治癒我的傷。」他必須把自己交給無意識，隨波逐流，直至找到一個新的意識島嶼，為當時的人生安身立命。

內在的陰性有一種極大的本領，那就是能夠放下，捨得放棄自我控制，不會想要去控制別人，也不會想要控制局面，把一切交給命運，順其自然。槳與帆的放棄意味著放下自我控制，將自己交給神。把劍留下意味著不再以理智或邏輯理解，不再強求。隨身帶著琴則意味著耐心等候，傾聽內心輕柔的聲音，因為，智慧不是來自邏輯與行動，而是來自感應、直覺、非理性與感性。

崔斯坦放流大海，琴聲漂浮波浪之上。在一股超越自我理解的

力量牽引下，沒有人類的海圖引導，崔斯坦最後來到了愛爾蘭。那兒，有伊索德在等他。

II

情酒的征服

故事情節

現在我們再回到崔斯坦的故事。我們最後看到他時，他人在愛爾蘭。漁民發現他漂流船上，拉他上岸，將他送到金髮伊索德的宮裡。儘管飽受病魔及高燒折磨，他的高貴氣質及一身華服卻逃不過公主的慧眼。在他昏睡當中，伊索德和母親女巫王后對他施以奇草、魔方及咒語，崔斯坦立時感覺通體舒暢，又因為魔藥使他形貌產生極大變化，居然連摩哈特的騎士都認不出他來。崔斯坦隱姓埋名，等到身體恢復強健，馬上潛逃出走，尋路渡海，回到康瓦爾，馬克王及宮廷上下迎接他，無不驚喜莫名。

但崔斯坦在康瓦爾有了敵人。有四名貴族心懷叵測，眼看他在眾騎士中得享最高盛名，又最受百姓的愛戴，馬克王更立他為王位繼承人，無不對他忌恨在心。四人於是挑撥其他貴族，說：「崔斯坦一定是巫師，不然他如何能夠打敗巨人？身中奇毒，居然神奇地治好了自己，又安然渡海返回？如果他當了王，我們的國家豈不成了巫魔之地！」

因此，眾貴族全都轉而反對崔斯坦，畢竟，沒有幾個人懂得巫師使的魔法到底是怎麼回事，更不知道善良、愛心及勇氣的法力更大。於是貴族們來到馬克王面前，勸他娶后生子，立為王位繼承人，否則他們會群起反對到底。馬克王深感為難，深思如何才能為崔斯坦保留住王位。

一日，兩隻麻雀飛到廷塔哲堡一扇窗前，啣來一根女人金髮，髮絲纖長亮麗，放在馬克王伸出來的手掌上，令王驚訝不已。隨後，馬克王召集眾貴族前來，說他的王后非這根金髮的女子莫屬，

希望藉此打消貴族的要求。但這反而令崔斯坦感到不安，為了證明自己並不貪圖王位，他站了出來，發誓要找到這根金髮所屬的女子。「尋找定然千難萬難，但我為陛下甘冒生命之危難，好讓眾貴族明白我的忠心。謹此立誓，定要找到王后，萬死不辭。」

但當崔斯坦看到那根髮絲時，卻不覺笑在心裡，因為他想起了金髮伊索德，這髮絲是誰的，他心裡已經有數。

崔斯坦備好了船，揚帆駛向愛爾蘭。他的水手開始害怕，因為自從摩哈特死後，只要抓到康瓦爾的水手，愛爾蘭王一律處以絞刑。到了懷特海汶，崔斯坦偽裝商人，等待時機接近公主伊索德。一天，機會來了，惡龍咆哮橫行，肆虐愛爾蘭鄉村，愛爾蘭王立下重賞，願將女兒伊索德許配給屠龍騎士。崔斯坦聽到消息，毫不耽誤，火速穿上盔甲，躍上坐騎飛奔赴戰。

但見崔斯坦長槍如練，力道萬鈞，猛搠惡龍，惡龍噴火，燒死了他的座騎，崔斯坦擲劍猛刺，正中巨龍沒有鱗片保護的柔軟喉部，深入其中，龍仆倒死亡。但由於太靠近冒煙的龍屍，崔斯坦也受傷中毒。伊索德見狀，再度施以藥草，將他從死亡的邊緣救回。

一日，伊索德帶領女侍為崔斯坦做熱水藥浴。崔斯坦泡在水中，正自享受，她開始擦拭他的盾牌，清除他劍上的龍血，有如僕人服侍貴賓。突然間，她的眼睛定住了，在劍刃上發現一小小缺口，腦中轟然一響，打了一個寒顫。她找來那片保存於聖物箱中，從她舅舅摩哈特頭上取出的碎鋼片，一比之下，正好與崔斯坦劍上的缺口吻合。一切真相大白。伊索德喊了出來：「你，就是崔斯坦，殺死我舅舅的人！」舉起他的劍正要置他於死地，但崔斯坦語氣平和地開口了，伊索德掙扎於愛的希望與復仇的誓言之間，住手

不動，聽他說下去：「公主啊……一天，兩隻麻雀飛到廷塔哲堡，啣來一絲你的金髮，我認為牠們為我帶來的是善意及和平，所以我渡海來找你，甘冒惡龍及其毒煙之險。你瞧，你的髮絲就縫在我徽章上的那些金線中間，金線已失去光澤，但你的金髮依舊閃耀。」

聽了這番話，伊索德放下手中的劍，審視他的徽章，找到了自己的金髮。她沉默良久，然後，親吻他。

之後數日，崔斯坦站在愛爾蘭國王與王后及所有愛爾蘭貴族面前，揭露自己的身分，並獻上馬克王所贈厚禮，告訴他們，他以屠龍償還了摩哈特的血債。請求他們將伊索德嫁給馬克王，成為康瓦爾的王后，兩國永結盟好，再無爭戰。國王與眾貴族聞言盡皆歡喜，收下厚禮，為伊索德公主這份榮耀歡喜。

金髮伊索德深感失望、痛苦。如此這般，崔斯坦贏得了她，卻輕蔑她；動人的金髮故事只是一個謊言；他把她交給了另一個人……就這樣，出於對馬克王的愛，崔斯坦連騙帶搶地把金髮王后弄到了手……

他來到愛爾蘭，他奪人所愛……耍詐使她與母親及家鄉分離，卻不是自己要擁有她，而是把她當作獵物帶走，鼓浪越海，到敵人的國土去。

女巫王后採集花、草及根，以酒浸泡，並施以魔咒，使之具有魔力：凡人一同喝下此酒，便將時時刻刻心心念念相愛，但藥效只有三年。王后將酒祕密交付伊索德的侍女布蘭琴，囑咐她要在馬克與伊索德新婚之夜兩人獨處時端出酒，讓他們飲下。

當一切準備就緒，伊索德登上崔斯坦的船，起錨航向康瓦爾。無奈海上無風，只得在一小島下錨，眾人盡皆登岸，只留崔斯坦與

伊索德及一小女僕。

正當其時，伊索德獨自一人待在甲板上的帳篷裡，思念家鄉，哀哀哭泣，崔斯坦聞聲，前去看她，柔聲安慰。她卻別過臉，連正眼都不瞧他，也不回他的話。

當時，日頭火熱，兩人使喚僕役送來飲料，小女童四下找尋，於一隱密處覓得一甕水酒，甚為清涼，便攜來呈上。因為實在太渴，兩人暢飲佳釀。

幾個小時後，女侍布蘭琴發現崔斯坦與伊索德仍然坐在那兒，四目相對，款款深情，如醉如痴。看到兩人面前的酒甕，一股寒意打心底升起，正是那壺藥酒！

連著兩日，情酒在崔斯坦血脈中發酵，備受情愛煎熬，時而有如針尖刺體，時而有如花香瀰漫，伊索德的影像總是縈繞眼前。終於，到了第三日，他去到甲板伊索德的帳篷。

「請進，主人。」她說。

「明明你是王后，為何叫我主人？」他說。

「不。」她說：「因為，儘管非我所願，我才是你的奴隸。多希望你從未來到我們的海岸！多希望我那時就讓你死了，不曾醫治你！但當時我不知道……不知道自己怎麼會那樣痛苦，日日夜夜？」

崔斯坦凝視著她，有如見到光明。「伊索德。」他輕聲細語說：「你不知道什麼？伊索德，是什麼令你痛苦？」

「對你的愛。」她說。於是，他吻她，擁她入懷。布蘭琴正好進來，目睹一切，叫喊出來：「不可以，你最好趕快回頭……但是，唉呀！已經回不了頭了。因為愛與他的力量已經套牢了你，從

今而後，非經痛苦，你將不知喜樂為何物……這全都要怪我及那只杯子，你們喝下去的不只是愛，而是愛與死亡的綜合。」

但崔斯坦摟著伊索德，內心的情慾高漲超乎尋常，他說：「啊，那麼，就讓死亡來吧！」

語音剛落，風起了，帆張滿，輕舟破浪，疾行如箭。暗夜未央，恨不久長。但見船行呼呼有聲，逼近康瓦爾海岸，兩人如膠似漆，渾然忘我。

酒

崔斯坦與伊索德飲下情藥的那一刻，戀愛也就永遠進入了我們的人生——因為，崔斯坦是西方人，他的人生也就是我們共同經驗的愛情。他那因酒而得的狂喜，標明了將近一千年前的那一刻，戀愛之風吹起，進入我們的文化，開始慢慢演化，歷經好多個世紀，我們對於「戀愛」的現代概念於焉形成。

　　換一個新的角度，我們這就來處理一下這甕情酒。這酒，我們全都嚐過，全都嗜之如命，沉醉其中；現在，不妨有意識地來加以審視。由於這酒的藥性極烈，處理起來，務必慎重其事。因此，且在這裡暫停一下，針對我們所謂的「愛情」，先給出一個更清楚的說法。

　　在我們的文化中，只要是說到男人與女人之間有了情愛，人們毫無區別地都會用上「戀愛」一詞。一對男女有了性關係，人們會說他們「在戀愛」。一男一女彼此相愛，打算結婚，人們會說這是戀愛，但事實上，他們的關係或許根本就不是「戀愛」。那或許是出於愛，但與戀愛全然有別！或有一女人說：「真希望我老公能夠回到戀愛那時候。」但她的意思無非是說，希望老公更關愛她、對她更體貼、用心。我們都以為，戀愛就是「真愛」，而且深信不疑，因此，把這個詞用在許多根本無關戀愛的事情上。我們以為，只要是愛就一定是「戀愛」，只要是戀愛就一定是「愛」。

　　每說到「戀愛」我們就說是「愛」，這顯示我們的語言底蘊大有問題。這種語言上的混淆是一種症狀，表示我們對什麼是愛、什麼是戀愛，以及兩者之間的差別喪失了有意識的認知；把我們內在兩個重大的心理體系混為一談，這對我們的生活與親密關係有著嚴重的負面影響。

多數人一定都看過，有些夫妻的愛不曾經歷「戀愛」階段。他們或許一開始只是朋友，彼此認識很長一段時間，卻止於泛泛之交，從未經歷過戀愛的激情。他們只是彼此喜歡，決定共同生活。還有一些夫妻，以轟轟烈烈的戀愛開始，最後卻落得相敬如「冰」。像這樣的夫妻，他們不再期待完美，寧可維持一種一般人的關係，不再指望戀情的熾熱。

　　戀情已經成為過去，仍然維持夫妻生活，我們很難想像這中間還會有任何愛，或至少值得珍惜的感情。但這些人通常有著我們其他人一般所缺少的特質：愛、接納、穩定與忠誠。在我們的文化中，戀愛所在多有：我們相戀，我們失戀；我們演出人生的大戲，戀情火熱時，欣喜若狂，戀情冷卻時，傷心欲絕。審視我們自己及周遭人的人生，我們了解，戀愛並不必然轉化為愛，或接納，或忠誠。戀愛之為物，人各有別，自成一格，各不相同。

　　接下來，我們就以此為探討的起點：戀愛，並不是愛的本身，而是一種對愛的心態──不由自主的感覺、想法與反應。如同崔斯坦，我們飲下情藥，著了魔：直覺反應，強烈情感，意亂情迷。

　　在我們西方社會，戀愛成為一種理想，始於十二世紀左右──崔斯坦飲下情藥的時候。起初，這種文化現象被稱為 *courtezia*，英文是 courtly love（宮廷愛情）。「宮廷愛情」建立在一種全新的愛情觀和關係上，在當時某種宗教理念的影響之下，男女之間一種「精神上的」關係。宮廷愛情是一種解藥，對治的則是我們在崔斯坦的世界中所看到的父權心態：將陰性特質理想化，教導崔斯坦這類大而化之的騎士，讓他實實在在地仰慕那共有的陰性特質，亦即那個他所呵護、愛慕的金髮伊索德所象徵的。崔斯坦飲下情酒之

後，我們所看到的就是這種仰慕；但我們都明白，他眼睛之所見並非伊索德本人，而是某種在她身上體現出來的神聖美感，對他來說，她是某種絕對的、超凡的象徵。

宮廷愛情自有其法則，在一切涉及到愛、關係、禮節及品味的事情上，每個騎士對自己的女人無不百依百順。在她的生活天地中，她就是他的女主人、他的女王。

要了解宮廷愛情，必須先明白三項特質：首先，騎士和他的女人對彼此並沒有性慾。愛是一種理想化的精神關係，旨在提升兩人超越肉體的層次，培養純美的感情與靈性。第二個要件是，兩人不能結婚。事實上，女方通常已經嫁做人婦，是另一貴族的妻子。騎士仰慕她，服侍她，只是把她當成精神與理想的化身，絕不與她有親密關係，因為若是那樣，便是將她當成一般凡俗的女人在對待。宮廷愛情別有嚮往，在他心目中，她是神，象徵永恆不變的陰性特質，以及他自己內在的陰性靈魂。第三要件則是戀人熾熱的情感始終不變，縱使為強烈的情慾所苦，但在彼此眼中，對方都是美好典型的具體象徵，凡俗的性或婚姻，在他們看來，徒然使愛情降格，他們透過這樣的體認，將情慾加以昇華。

宮廷愛情的理想深深抓住了西方的想像力，成為創作詩、歌、愛情故事及戲劇的巨大推力。法國人將愛情故事稱為 romans，後來成為英文的 romance。這些愛情故事中，所有動人的主題都成了西方浪漫文學的根基。騎士邂逅佳人，傾心於她的美與善，驚為天人，儼然是自己心目中的理想化身，是自己朝思慕想的永恆女性。儘管滿腔戀慕之心，但他絕無染指於她的念頭，而是冒險犯難，成就大事，以榮耀於她，提升自己因她而企求達到的高度。對他

來說，她不是一個女人，她是布朗瑟芙勒，是金髮伊索德，是賽姬（Psyche），是碧翠絲（Beatrice），是茱麗葉——完美女性的原型。

在西方，因有 romance（戀愛，本意「愛情傳奇」）才有 romantic（浪漫）一詞及浪漫理想的出現。戀愛（romantic love），是「故事書」之愛。但這是一個故事，一種我們在現實世界中全都想要用自己的方式實現的人類關係與實踐。在性方面，不論我們如何演化，也不論現代人動輒把各種關係都扯到性，我們在戀愛中所尋求的基本心理範型還是同一個：女人不止是一個女人，而是某種完美無瑕神聖非凡的象徵，她所點燃的感情超越肉體的吸引，超越愛，達到一種信仰的境界。戀愛中，我們尋求的是「精神上的」強烈感受，狂喜與絕望，聚則歡喜，離則傷悲。同時，如同昔日的騎士，我們也體會到，所有這一切不僅提升了自己也帶來激勵，為生命帶來了新的特殊意義——一種隨著布朗瑟芙勒的死亡而喪失，但我們希望能夠在金髮伊索德身上找回來的意義。

膜拜愛情，但擺明了不要婚姻，鼓勵婚外感情，追求親密關係的精神化，不求凡俗的廝守，但求天長地久，我們想都想得到，這樣的愛情，對婚姻來說，無異建築在沙灘上，就人類的親密關係來說也是朝不保夕。然而，偏偏就是這種理想，形塑了我們的愛情與婚姻範型，直至今日！這種遺緒不絕的理想，就不好的一面看，其追求的無非是自身的激情與快意，有如種下永無實現可能的完滿，所追求的完美根本就是空中樓閣。時至今日，這種不完滿籠罩每一椿現代親密關係，眼中但見無法達成的理想，使我們恆常迷失於當下世界的歡愉與美好。

此一源自文化體系的理想根深蒂固，難以撼動。有朝一日，我們發現，身為人，我們竟然完全受到一種信念的支配，別無選擇。從小說及電影，從我們周遭的心理氛圍，我們將之吸納而入，成為自己的一部分，與身體的細胞融為一體。大家都知道，我們會「戀愛」，我們的親密關係必須以愛情為腳本──不多也不少。每個男人都知道他理應體驗親密關係，女朋友或妻子會對自己有所期待與指望，而所有的細節則銘刻在他的無意識心智看不見的層面。這就是「戀愛」。

　　對於老祖宗傳下來的這檔子事，我們儘管多有誤解，甚至誤用，然而愛情自有其真實不變之處：愛情動人心弦，令人緊張激動，此其一；騎士行事高尚，佳人美麗善良，無畏犧牲，鍥而不捨、忠誠不二，至死不渝，此其二。在愛情所嚮往的境界中，有一深層的心理真實迴盪於我們的胸臆間，喚醒我們為所當為，以及自我之所以完整的期許。聽了這些古老的浪漫愛情故事，若非鐵石心腸，無人不為之動容，因為，這些愛情、冒險及犧牲奉獻所彰顯的全都是高貴、慈愛、堅貞，以及我們內在最崇高的自己。

　　我們固然要看戀愛不好的一面，但不妨也看看好的一面。就戀愛最純粹的形式來說，是一種具有巨大能量的理想，這類的理想，每一個都有其深沉的內涵，那不止是理想，還是心靈的窗口，是在傳達我們內在的真實與生命，傳達那些我們可以實踐的存有。我們或許誤解了理想背後的真實，也或許經歷過它不好的那一面，或曾將之放在不對的地方，但至少我們因此充實地活過，並得以更接近完整。戀愛的真實，以及如何實現此一真實，我們這就來探討一下。

客觀看待戀愛，很困難，也很痛苦，因為，我們害怕真相會容不下愛，如此一來，生命將變得冰冷荒蕪。但現代人必須先了解，愛，是親密關係的基礎，戀愛則是一種內在的理想，是通往內心世界的道路，兩者是不相同的。愛，不會因為沒有戀愛的信念而有所減損。唯有把愛與戀愛分別看待，愛的地位才得以彰顯。

榮格引述過一個中古時期煉金術士的話：「唯有分開，才得以充分調和。」兩物相混，必須先予以分開、區別，使不糾結，接著將兩者再放到一起才得以有效結合。心理學上的「分析」指的就是這個意思；分析者，把一個人內心生活糾結的線絡，如混亂的價值、想法、責任及感覺等，一一拉開，唯有如此，才能夠賦予新的整合。我們分析愛情，不是要將之摧毀，而是要了解它的本質，以及它在我們生命中的位置。分析，無非就是為了綜合，為人生解決問題；凡分開的，都應該擺回去再放到一塊。

女巫王后在藥酒裡混入了神奇的成分，有異草，有符咒，有魔力。布蘭琴甚至說，女王混入的「不止是愛，而是愛與死亡的合體」。我們全都嘗過這種佳釀，如醉如痴，飄然而入另一個世界。我們全都戀愛過，但現在且讓我們當個煉金術士：把酒的成分加以分離，把藥草及魔咒提煉出來，我們將會發現，在我們的心裡到底混合著什麼樣的巨大力量，揭露其中的人性與神性之愛。

藥酒

地老天荒，你是我存在的理由；

對你的仰慕，無異於我的信仰……

這是一個愛的故事

沒有其他的愛足以比擬

使我明白

一切的好，一切的不好；

給我的生命帶來光

後來卻將之熄滅

啊！何等黑暗的人生！

沒有你的愛，我活不下去

　　　　　——卡羅斯·阿馬朗（Carlos Almaran），

　　　　　　《愛情故事》（*Historia de un amor*）

　　喝下藥酒之前，崔斯坦只是一個騎士，滿腦子都是自己已經完成了國王的任務：追獵遠方的公主，手到擒來，榮歸返鄉，獻給國王，指望自己的名望將因此更上層樓，受到更大的尊崇。但飲下這神奇的酒之後，他凝視著伊索德的眼睛，猶如「靈魂出竅」，他的整個世界為之顛倒。在此之前，他始終忠於他的王，但此刻，突然間，責任云云全都在他激情的高熱下化為灰燼。之前，他一心一意追求的，無非成為一個在康瓦爾揚名立萬的騎士。這一刻，他心裡想的卻是願意付出一切，甚至生命，交換伊索德懷中的一夜。他聽到了布蘭琴的警告：「這樣下去，唯有一死！」但他的心與舌俱已淪為激情的俘虜，脫口而出回道：「那麼，就讓死亡來吧！」

至於伊索德呢？喝下藥酒之前，她恨崔斯坦，他不但是手刃她叔叔的兇手，而且還扼殺了她的自尊，他征服她，贏得她的芳心，然後又背叛了她。但那一刻，當酒液流過血脈，她卻說：「您知道的，您是老爺，我的主人，我是您的奴僕。」

　　這一幕我們再熟悉不過，在自己的人生當中，我們也曾經歷過，儘管這裡面透著一些怪異。崔斯坦與伊索德「相戀」，但我們卻懷疑他們對彼此是否真心。他們著魔了，意亂情迷——但那卻不是他們的自我，而是酒性作祟使然。他們的「愛」不是一般人的愛，不是那種彼此相知的愛。這個象徵說這愛是「魔幻的」、「超自然的」——既非出自於個人，也非出自於自願，而是外力介入，使這一對戀人身不由己。這讓我們想起人們常說的一句話：「他倆愛上了愛（they are in love with love）。」

　　神話告訴我們，戀愛和情藥有著相同的性質，但情藥既是自然的也是「超自然的」。一方面，酒與草本是來自凡間，象徵愛情世俗的一面，另一方面，卻是下過咒施過法的。這些象徵之於愛情，又意味著什麼呢？

　　我們都知道，戀愛裡有些什麼是說不清楚的。當我們審視那些在內心橫衝直撞的感情時，我們明白那並不止於情愛或性的吸引，也不是我們在穩定的婚姻及親密關係中常看到的那種安靜、真摯、不浪漫的情愛。戀愛多了一點東西，有什麼不一樣。

　　「戀愛」時，我們覺得完滿，彷彿把自己喪失的部分找了回來；我們覺得提升了，彷彿突然間升高到超越了一般世界的層次。人生變得充實、燦爛、狂喜、完滿超脫（transcendence）。

　　戀愛中，我們在愛裡尋求歸屬，升至雲端天際，在愛裡尋找終

極意義及完成。我們尋求完滿、整體的感覺。

　　若問，除此之外，這些感覺我們要到哪裡才能找得到呢？答案不免令人震驚困惱，沒錯，那就是宗教信仰經驗。我們尋求某種高於自我的完美境界，一種內在的完整感與統一體，努力提升自己超越個人生命的渺小與卑微，達到某種超凡與無限，這是一種精神的追求。

　　這裡，我們碰到了令人困惑的矛盾，戀愛居然與精神的追求，甚至與信仰本能有關，但這其實並不令人驚訝，因為我們都知道，宮廷愛情，早在許多個世紀前萌發時，就是以精神之愛的形式孕生，一種精神上的愛，將騎士與佳人的愛精神化，將他們提升，超越一般凡俗，通往另一世界，靈魂與精神的世界。愛情的形成，以精神追求為導向；無意識地，在今日的戀愛中，我們訴求的也如出一轍。

　　在情藥的象徵中，我們一頭撞上了現代西方生活中最大的矛盾與最難解的謎：我們不斷追求的愛情，居然不只是人類的情愛或人類的親密關係而已，也是在追求一種信仰經驗，追求一種完滿。這正是情藥的魔力，巫術及超自然等象徵的意義。自我心智的眼界之外另有世界，亦即心靈的領域，無意識的領域，是靈魂與精神活動之所在，是我們西方意識心智所不熟悉的。靈魂與精神乃是我們的心理存有，活動於我們所不理解的心靈中。也就是在那裡，在無意識中，神存在著，其為神，無論為誰，就我們來說，就是個體。在另一邊，亦即無意識裡面，所有的一切，就自我看來，都是人類固有領域以外的東西，因此，都是魔幻的，是超自然的。對自我來說，另外那個世界的經驗就等同於信仰經驗；信仰的驅策，信仰的

嚮往，其實都意味著自我世界之外的那個生命──存在於無意識中，以及廣大不可見的心靈與象徵中──追求生命的完整與自性的完整。

我們的故事裡，所有這些象徵的意義在此，打開戀愛之謎的神祕鑰匙也在此。

且讓我們回到崔斯坦的多桅帆船上去；那兒，崔斯坦整個人情酒焚身。在他的心目中，這一身熾熱又是什麼？伊索德就在他身旁，但他的目光卻聚焦於遠方──聚焦於無限！他看到的，不是伊索德，而是一個幻象。他四肢顫抖，為的是什麼？如果我們去到聖十字若望（Saint John of the Cross）的斗室中，便可以看到相同的眼神，那種陷入冥思的眺望。如果我們遠渡重洋去到印度的廟宇，在濕婆（Shiva）[1]的祭壇前，也可以看到同樣的狂喜顫抖。這樣的直覺，這樣強烈的熾熱，目的皆同，那就是完滿超脫。

戀愛與精神上的嚮往始終密切相關，這本來至為明顯，毋庸贅言，但我們卻轉移了焦點，無視於此一明顯的事實。近在眼前的事情，往往視而不見。但只要用心看看浪漫時期的愛情故事、詩與歌就會發現，戀愛中的男人都把女人當成一個普世象徵，某種內在的、永恆的、超脫的存在。在女人身上，男人所看到的意象，使他覺得自己終於實現了自己，他看到了生命全部的意義。在她身上，他看到一種特殊的存有，覺得自己因此而得以整合、高尚、完善、提升、昇華，變成一個新的、更好的、完整的人。

這樣的愛，偉大的浪漫詩人頌揚不遺餘力。崔斯坦時代，吟遊詩人與騎士歌頌這樣的愛，不像我們自以為精明理性，他們完全明白自己在戀愛中追尋的是什麼。他們寧願不把女人當作女人，而將

之視為永恆女性的象徵，視為靈魂、神聖之愛、精神昇華及完整的象徵。我們或許會辯說，對女人來說，這樣的願景並不公平，將女人視為某種象徵而非她本來的面目，將女人打造成男人永恆願景所塑造出來的偶像，對女人是推崇還是貶抑。但講到這一點，我們不妨看看，事情本來如此。

從本章開頭引述的墨西哥情歌，我們不難發現，寥寥數行，一切盡在其中。歌詞直白，歌者娓娓道出了我們往往不承認的情懷：「地老天荒，你是我存在的理由；對你的仰慕，無異於我的信仰。」當一個男人生出這樣的仰慕，當其所愛具有「給我的生命帶來光」，或將之熄滅的力量時，我們已經為自己所愛的賦予了神的形象及象徵。

關於戀愛，這是最簡單最直接的描寫。戀愛的內涵其實就是精神理想的追求；在戀愛中，西方男人不由自主的無意識追求，其實是在追求他自己內在靈魂之嚮往。西方男人完全不明所以，捲入一種完滿的追求，卻又身不由己，無所逃於共同的永恆願景。但追求云云，願景云云，都是透過愛情這面透鏡所看到的女人形象。

古早男人公開頌揚，甚至將之當成理想的事情，現代男人卻不承認，為什麼？關鍵在於，在現代生活中，我們不曾有意識地給精神理想留一個位置。我們視之為過時，不了解它，不承認它。關於完滿，我們一點興趣都沒有──我們感興趣的，無非製造、控制及權力；我們不相信精神──只相信肉體及性。但我們對靈魂的要求卻不由自主地自尋出路，找了一條我們連正眼都不瞧一下的道路──通往愛情的奉獻、理想、狂喜及絕望、激情及奮鬥。在現代文化中，我們沒有其他通路及形式可以安頓自己，我們的信仰本

能幾乎完全遁入祕密處所，一個容許祕密存在的空間：戀愛。除了「戀愛」時，我們之所以覺得生活毫無意義，關鍵在此；在我們的文化中，愛情之所以成為最強大的心理力量，關鍵也在此。

神話之所以充滿矛盾，因為現實本來矛盾。在希臘文裡面，paradox（矛盾）意為「反對意見」，意思是，矛盾牴觸我們對現實的看法。我們總以為自己什麼都知道，因此什麼都了解；真正的矛盾令人痛苦，原因在此。矛盾與我們的偏見衝突，挑戰我們的主張，與我們的集體「真理」唱反調。我們說神話是「童話」，貶之為兒童讀物，關鍵在此。所以，一講到神話，我們就說那無非是原始不成熟的心靈編造出來的空想。如果我們認真看待神話，視之為現實的陳述，我們將會發現，我們習以為常的老生常談，我們對「事實」的固定看法，全都會變成令人困擾的問題。

到神話中尋找智慧，乃是回歸心靈的根本材料。夢和神話的象徵，其目的和心理上的角色是在剖開「已知」，告訴我們一些來自於無意識的新東西，所以才讓我們覺得是矛盾的。用夢或神話的詮釋來印證自己根深蒂固的看法，那就有問題了。來自於無意識的象徵，告訴我們的不是我們已經知道的事，而是在教導我們尚未學到的東西。

情藥也是如此。把它說成是未開化的十二世紀憑空想像出來的迷信，豈不簡單！情藥的矛盾，還排不上第一位。最有爭議的是這一點，亦即我們的信仰本能，我們對「非塵世」（other world）的無意識追求，為戀愛賦予了魔力、非凡俗的高度，以及他世的盼望。違反常識，莫此為甚。

我們自以為知道戀愛，其實一無所知；我們自以為完全了解，

其實它諱莫如深，難以理解；我們自以為可以控制它，實際上是它在支配我們。我們的文化為我們準備了一整套的戀愛法則，我們也就無意識地自動接受，從來不加以質疑，若有人真的這樣做了，我們反而會不痛快。但這裡我們面對一個無法迴避的矛盾，亦即戀愛所要體驗的是一種「非塵世」的愛，在強烈純粹的狂喜中完成自己——得到心理上的完滿，沛然充實，不枉此生。

談到這裡，如果還有所不解，那就講到重點了；戀愛本來就是難解的謎。它是一股巨大的能量，湧自無意識的未知之境，來路不明，去路難測，來自我們對自己不認識、不了解的部分，又無法化約為常識。一如情藥，愛情來了，我們根本身不由己，想擋都擋不住，整個生活天翻地覆，輕重緩急重新安排，寶貴的計畫擺到一邊，放棄了自己的信念，丟掉了自己牢牢守住的生活方式。

正是愛情這種失控的特性，讓我們得以一窺其真正的本質。「戀愛」來時，排山倒海、狂喜忘我，這樣的人生大事，其根源竟在於心靈的無意識層次。愛，不是自己「主動」，無法控制，也非自己所了解，所有這一切，就只是事情發生了而已。

西方男性的自我，在應對戀愛時往往大有問題，關鍵在此。嚴格說來，就是「失控」。之所以失控，在於我們的無意識作祟，私底下希望因此而得以忘我，得以超脫自我世界的狹小侷限。而掙脫束縛，超越自我心智，則是我們所尋求的「信仰經驗」。西方男人從小就被教導，身為男性，無論內在或外在，自我必須都要能夠加以掌控。人生中，為打破這種控制妄想，迫使男人明白有些事情是他無法了解和控制的，就只剩下一種力量，那就是愛情。對於西方男人的這種控制妄想，宗教與教會早已不構成威脅。對於宗教，在

男人的心目中，不是將之視為陳腔濫調，就是根本拋到九霄雲外，至於靈魂的追求，既不訴諸宗教信仰、精神修持，也不在於內心生活：超越、神祕、啟示之尋求；他訴諸的是女人，他要的是戀愛。

　　我們這個時代對信仰帶有成見，部分原因在於，對許多人來說，信仰已經不再有太大的意義。卡爾・榮格則為我們開闢了一條道路，回溯宗教的根源——靈魂，一種心靈經驗，也是一種實有。他發現，每個人的心理架構中都有著獨立的「信仰」機制。但這並不意味著一定要信奉某種教義或信條，而是每個人天生都有著尋求生命意義的心理衝動。人具有一種直覺，視自己為完整的個人，把終極的生命意義視為徹底的自我實踐。在榮格眼裡，大多數西方人，儘管意識上只相信物質及理性，但在夢裡、在幻想裡，卻充滿著人們在宗教信仰生活中所追求的象徵——喚起整體感的象徵，以及嚮往大於自我世界的象徵。

　　我們不妨套用地理概念來看一下心靈，用一種新的方式來理解生活中信仰的一面；講的同樣是信仰問題，只不過用另一種術語。在我們看來，自我，亦即所謂的意識心智，就像是廣大心靈海洋中的一座島嶼。其外，在那個存有的海洋中，在自我世界的界限之外，在自我世界的所知所見之外，是我們整個自性失落的部分。我們是心理的存有：佔據我們的整體較大部分的，並不是肉體而是心靈，心靈的絕大部分則是在無意識中。不同於一般的心理學概念，我們整體未知的及無意識的部分遠遠大於意識的部分。我們尋求意義、整體或完滿，但不是在小小的自我世界中。我們明白，自我世界之外的範疇更為廣大，而且大得多，只不過既不知道要往何處去尋，也不知道要找的是什麼。

我們所要尋找的，以象徵的方式顯現，自心靈深處湧出，一如古人所稱的 *imago dei*：神的形象。神的形象（god-image）自心靈湧現，將深植我們內心的那股追求完整與統一的衝動顯現出來。這種自發升起的形象，是我們的嚮往壓印出來的，是直覺的根源感知到了某種高於自我的東西，將一切生命與一切現象匯聚到了一塊，向我們揭示生命的意義。於是，我們內心生出知覺：統一的願景是可能的。

榮格告訴我們，深入自己的無意識探索，這個需求一如我們需要有信仰生活。在古時候，這是眾所周知的：

「了解人是完滿之始，了解神則是無限完滿。」亞歷山大城的克萊曼特（Clement of Alexandria，150-215，基督教神學家和哲學家）在《導師》（*Padagogus*）中如是說：「由此看來，所有修持中最重要的就是了解自己；因為，當一個人了解了自己，也就了解神。」還有，莫尼穆斯（Monoimos）在寫給狄奧弗瑞斯特（Theophrastus）的信中說：「從你自己身上尋求祂，了解祂之所以為祂，可以了解自己內在的一切，亦即，我的神、我的精神、我的悟性、我的靈魂、我的身體；洞悉悲喜，洞悉愛恨……可以瞋而不怒，愛而不戀。還有，若深入探索以上諸事，便可以在己身之內找到祂，其為一，也為多。」

——榮格，《艾翁》（*Aion*，頁 222[2]）

在以前，西方人透過宗教信仰，透過冥想，在具有象徵力量的儀式中，在歷史性的教堂，在啟示性的經文、聖徒、信眾社群的意

像中，體驗神的形象。但時至今日，在神的形象上，許多人已經失去了傳統的載具。如果我們問自己為什麼會這樣，部分答案就在崔斯坦的故事裡：父權心態在我們的社會有其固有的傳統，不餘遺力地鼓勵人性中的陽性特質，犧牲了陰性，也犧牲了整體，其心靈之封閉，幾乎容不下其他。我們壓抑無意識，壓抑情感，壓抑陰性，也壓抑自己的靈魂。我們唯有一處脆弱，唯有一處，我們的靈魂可以突破我們今天的鎧甲，那就是愛情。

　　情藥的意義在於，挾愛情之力，超自然世界突然闖入了自然世界。烈火自天而降！靈魂與精神世界，心靈中沛然莫之能禦的信仰潛力，猛然間闖入了人類尋常關係的世界。我們渴望已久的一幅心象，終極的意義與統一，突然間以另一種人類形象在我們面前展現。

　　我們用本能追求完滿，並將之完全投射到我們的愛情，這可是天大的一項發現。我們將神的形象搬出廟宇，搬出天庭，突然間將之放回到我們中間，將之安奉到兩個人的關係中。這是人類本能難以思議的大逆轉，是人類能量重大的回流，而這一切都是在情藥的魔力中完成的。在兩情相悅中，在某種力量將我們全然征服之下，我們重新找回了自己的信仰生活。一旦陷入「戀愛」，世界光明燦爛，充滿意義，所有這一切，絕非凡人所能成就。但當「失戀」時，世界瞬間黯淡，叫人空虛不已，縱使我們與那個曾經為我們點燃狂喜的人仍然生活在一起。

　　在兩人的關係中，男人與女人之所以相互要求嚴苛，關鍵在此，因為，我們的無意識深信不疑，這個人雖屬一介凡人，卻會盡其所能使我們的生命合一，使我們幸福，使我們的生命有意義，活

得熱烈，擁有狂喜。

　　有人曾說：「智慧始於看清真相。」如果我們停止啜飲情藥，時間足夠長久到能認清那本質上只是一個象徵，或許才能讓我們覺醒，看明白一切。接下來，我們就繼續崔斯坦與伊索德的神話之旅，和他們一同經歷所有飲過此酒的天下有情人的故事。我們將會更清楚地看到，我們是如何將自己的精神嚮往——我們追求神性的內在衝動——和人類的親密關係混淆一塊。愛情之謎背後的祕密盡在於此：人類的精神嚮往與親密關係，我們活在其中，我們奉若神明，這兩股巨大的能量一經情酒混合，美味至極，也危險至極。

註釋

1　　譯註：濕婆，印度文明的瑜珈之神，也是生殖之神。最初，濕婆並沒有固定的樣貌，後來，梵天將濕婆分成兩半，一為濕婆男尊，另一為女尊，世間從此有了兩性的差異，男女是彼此的另一半。根據印度神話，濕婆男尊後來娶薩蒂為妻。薩蒂因父親及眾神汙辱濕婆，竟至怒火中燒焚身而亡，濕婆聞悉，跳起毀滅之舞，殺盡眾神。

2　　原註：所有這類文獻參考均出之以短文，全文請見參考書目。

金髮伊索德

在我們的旅程中，我們會遇見許多內在陰性，並發現每個角色在男人的心理及愛情中都起著作用。我們已經遇到過布朗瑟芙勒，象徵的是父權世界中的女性命運。接下來是金髮伊索德，現代世界中最有力量，同時也是隨處可遇的女性，或許，正因為如此，也是最難以理解的。

　　神祕島的公主，女巫王后的女兒，精於法術及精神奧祕，伊索德既是女巫也是尋常女人，既是人也是神。她是內在永恆女性的理想，是男人心靈中的女神，是美與完美的化身，喚醒男人對生命意義的追求。

　　對於我們心靈中的這個面向，卡爾·榮格取了一個特別的名字，稱之為阿尼瑪（anima）。在拉丁文中，阿尼瑪的意思是「靈魂」（soul），因為榮格發現，阿尼瑪所象徵的心靈部分正是我們常說的「靈魂」。金髮伊索德經常出現在男人的夢裡及神話中，形象往往美麗絕倫，有如女神。崔斯坦飲下情藥之後，在伊索德身上看到的，也正是自己內在的一部分。在她的身上，男人覺得自己找到了生命的意義，找到了完滿、整合及狂喜。

　　男人的內在陰性原則，最重要的一條是接納原則（principle of relatedness）；但阿尼瑪對男人所做的接納相當特別：她所象徵的接納，是男人對自己內在的自性，對自己心靈的內部領域及無意識的接納。不尋常的是，她離間男人對其他人的接納，一如她對待崔斯坦，她破壞他對舅舅的忠誠及他的責任感。在我們成長到某個程度時，我們對自己靈魂的接納與我們對人類人際世界的接納，兩者是嚴重衝突的，對意識構成嚴酷的考驗。

　　女人的內在心理結構異曲同工，榮格稱之為「阿尼姆斯」

（animus）。一如阿尼瑪是男人的靈魂，阿尼姆斯是女人的靈魂。阿尼姆斯通常將自己視為一股陽性力量，在女人的夢中以男性人物出現。女人接納自己的阿尼姆斯的方式，不同於男人接納阿尼瑪，但男人與女人有一點是相同的：愛情不外乎靈魂意象的投射（projection）。一個女人戀愛時，那是她的阿尼姆斯投射到了出現在她眼前的男人身上。當男人飲下情藥時，他看到的則是阿尼瑪，亦即他的靈魂投射到一個女人身上，和她合體。

只有兒子在他的心靈領域中看到的意象是……女兒、姊妹、愛人、女神及地府女妖時，投射才會停止。靈魂所投射的意象無所不在，超越年齡，此一意象相當於男性最深層的實有，不由自主地，每一個母親及心上人都會成為此一無所不在、超越年齡意象的載體及化身。那是屬於他的，此一危險的女人意象；她容許他有的時候為了自身利益不得不放棄忠誠；她是一切冒險、奮鬥、犧牲以失望結束時的補償，是生命所受一切苦楚的撫慰。同時，她又是幻術大師，是引誘高手，用她的瑪雅女神（Maya）引誘他，不僅引誘他進入人生的理性面及功能面，也進入可怕的悖論和矛盾：善與惡、成功與毀壞、希望與絕望，彼此相互抵銷。由於她所要求於他的是他的極限，所以她是他最大的威脅，如果他衷心接受，她也會加以接受。

此一意象即是「我的女性靈魂」（My lady Soul）

——榮格，《艾翁》（par. 24）

我們西方世界有一獨特的發展：我們對靈魂不再有任何概念。

若問靈魂是什麼，我們的腦筋一片空白。**靈魂**一詞喚不起任何感覺及形象；在我們的感覺及生活裡，我們完全講不出個名堂，說：「那是我的靈魂——她在那裡。」那是哲學家、神學家及詩人才會講的話，至於我們，不知所以，而且私底下根本懷疑他們也一無所知。靈魂云云，已經成了一種比喻，一個抒情的字眼。

榮格心理學把我們帶回，靈魂是一種具體的實存，是可以直接理解、描述、體驗的。這裡是古老宗教生活與原型心理學（archetypal psychology）的交會點；兩者都證明靈魂的實存，也都知道唯有透過靈魂我們才能找到無意識，亦即那超越自我，不受其狹隘視野拘限的內在生活。

榮格談到的**靈魂**三事，很可以當作這趟崔斯坦與伊索德之旅中的嚮導。首先，靈魂不是比喻或迷信：靈魂是心理的實存，一種心靈器官；活在我們的無意識裡面，但深遠影響我們的生命。靈魂是自我之外的無意識部分，無形無狀，但中介無意識跟自我的協調。榮格說，靈魂「既是接收端也是發送端」，其為心靈器官，接收無意識的意象並將之發送給自我心智。

其次，靈魂及無意識，透過象徵表現自身：來自無意識的意象，其形式為夢、幻象、幻想及各種形式的想像。榮格為我們發現了至關要緊的事：我們喪失了對靈魂的感知，因為我們喪失了對象徵的尊重；現代人的理智訓練教導我們，凡象徵皆為假象。我們說：「那只是你的想像而已。」卻不明白，所有我們自身遺失並渴望找回來的部分，那條「失落了的通往天堂的小道」，一直都在用我們忘了的靈魂語言——來自於夢與想像的象徵及意象——在跟我們磋商事情。

第三，以男人來說，靈魂的象徵是女人的意象。如果男人意識到這一點，而且知道自己用女人的意象作為自己靈魂的象徵時，就會懂得去理解、接納那個象徵的意象，在內心活出自己的靈魂。榮格說：「那是屬於他的，此一危險的女人意象。」當男人明白此一意象是他自己的，是「屬於他的」，他也就朝著與意識的戀愛邁出了第一步，也將開始明白，「不由自主地，每個心上人都會成為此一無所不在、超越年齡意象的載體及化身」。

每個男人都必須學會理解、接納外在的人及環境。但同樣重要，甚至更為迫切的是，也要學會理解、接納自己的自性。一個男人如果不懂得面對自己私密內心的動機、慾望及未曾實現的可能，便永遠無法達成內在的整合，亦即真正的完滿。此一內在力量，不斷鞭策我們去實踐未曾實現的可能及價值，是人類生命最強大的驅動力量。男人的這股力量就是阿尼瑪：她就是靈魂。因此，毫無疑問地，男人視她有如女神，可以使他們活得有價值的，唯有她！由於終極意義必須向內尋找，一個男人對外在世界的接納必須是來自內在完整的力量，而不是漫無目標向外尋求意義，如果是這樣的話，到頭來將會發現，只有自己的靈魂踽踽獨行。

我們這就來看看，崔斯坦飲下情藥時發生了什麼事，突然之間，在他的眼裡，金髮伊索德又起了什麼樣的變化。當酒的魔力發作，猶如四體如焚，崔斯坦宛如換了一雙新的眼睛，目之所見，眼前的人並非伊索德那個女人，而是他自己內心的女神，光耀奪目，突然間神奇地附身於一個凡間女人身上。在伊索德身上，他看到的是自己的「女性靈魂」（Lady Soul），伊索德則是她的肉身、形象及象徵。

如此這般，一切按照內心的投射，按照靈魂之所見，以及其魔幻的意象世界，愛情之美好與動人盡在其中。無論是男人或女人，誰拒絕得了這種景象或感受呢？但話又說回來……還有另外一個面向我們必須面對。我們來看看崔斯坦：他才剛喝下了情藥，結果呢？隨之而來的，是他的人生現實發生了劇變！他丟開馬克王交付的使命，忘記了自己的責任，道德、忠誠，甚至性命，全都拋諸腦後。走上背叛一途的戀人，唯一的下場就是毀滅。他明白這一點，但這已經不重要：「那麼，就讓死亡來吧！」

　　在現代西方人當中，靈魂闖入外在世界，闖入我們的親密關係，因而帶來複雜的問題，可說是司空見慣。一個男人居然強求妻子或女友是女神，是他的靈魂，帶給他恆久狂喜的完滿感。他不訴諸自己的內在，找尋阿尼瑪，卻苛求自己的靈魂向外在索取，向女人索取。他動輒將自己的內在理想投射到她身上，以至於對一個活生生女人的價值及美視而不見。哪一天，他的投射突然消散，不再覺得有「戀愛」的感覺，內心便產生劇烈的衝突。隨著投射的離去，轉向別的女人，有如蝴蝶逐花而舞。這種嚴重的價值衝突和忠誠衝突，也是我們在崔斯坦身上看到的：突然間，人類的忠誠、靈魂的投射，全都變了調，於是，在人類親密關係這只精細易碎的容器中開戰，毫無轉圜餘地。

　　但在這種價值衝突的背後，有某種東西是好的、有利的，是強大的演化力量：

　　　那股驅迫你進入意識，在意識世界裡支撐你的力量，在你轉向另一個核心時，其實卻是最大的敵人，因為，你就此脫離這個世

界，所有讓你不得不攀抓依附的東西，其實都是你最大的敵人。所謂禍兮福所倚，福兮禍所伏。

——榮格，《昆達里尼瑜珈》（*Kundalini Yoga*，頁 10-11）

每當受到命運的召喚，每當轉往下一個脈輪（*chakra*，意識層次）時，會有一種「腦袋受到撞擊」的感覺，彷彿世界顛倒，隨著新世界的召喚，發現世界上所有熟悉的價值及忠誠都處於嚴重衝突之中。

愛情也是如此：父權西方的男人已經失去了靈魂，當靈魂發出強烈召喚，將他拉出已知的世界，進入一個彷彿一切顛倒的領域；眼前飄移的，無非金髮伊索德的形象。

情藥的歷史

內心的旅程往往可以在外在世界找到印證，這也就是說，外在的生活與歷史可以確認神話及夢的象徵對我們的啟發。對於我們稱之為戀愛的這種文化及心理現象的本質，我們可以從情藥上獲得相當驚人的認識，同時也發現，以宮廷愛情為緣起的戀愛，其取向為一種「精神的」修持，正好呼應了情藥所象徵的意義。現在，且讓我們回溯更遠，更深入地挖掘，我們將會明白，宮廷愛情之仰慕是有其宗教信仰根源的。

　　基督教出現之後，歐洲其實還是一個不折不扣的宗教市場。歐洲各個民族信仰基督教，是因為國王與皇帝主導，事實上，民間仍然繼續崇拜舊有的神祇，或祕密，或公開。人們將自己的「異教」信仰習俗與表面的基督教信仰相混合，今天看起來似乎十分怪異，但許多我們今天過的節日，例如五朔節（May Day）及萬聖節，原來都是宗教節日，都是往昔舊信仰的習俗殘餘，是基督教所打壓的。同樣的，理想和信念也一樣。許多舊信仰的觀念及信念，表面上因被視為異端邪說而遭到壓制，但仍然無意識地存活於我們的生活與文化。之所以如此，在於這些理想和信念相當於一種心理需求及人類內在的心理實存，而這些又都是正統信仰或「官方」觀點所無法提供的。

　　把戀愛看成是一種心理力量，是一種蠻有說服力的說法：戀愛之中有些東西，許久以前已經被我們的文化及生活所拋棄，現在又回頭了。人類本來多智靈巧，總會找到法子，甚至是無意識地，牢牢抓住自己所需要的東西。

　　早期的宗教，最興旺的是摩尼教（Manichaean），以波斯的先知摩尼（Manes）為名。在歐洲，這個宗教成為卡薩教派

（Catharism），因信奉者自稱「卡薩」（Cathars），意思是「純潔」。到了十二世紀，法蘭西南部所有的城鎮及省分，名義上雖然是基督徒，卻全都信奉卡薩教派，歐洲宮廷中許多貴族也都是卡薩。在法國，由於這股風潮以法蘭西阿爾比城（Albi）為中心，所以得了個阿爾比異端（Albigensian heresy）的名號。

這個教派有個基本信仰：「真愛」，不是一般尋常人類夫妻之間的愛，而是對一位陰性守護神的膜拜，她是神與人之間的媒介，守候在天上，以神聖之吻迎接「純潔的人」，領他或她進入光明國度。與這種「純潔的愛」形成對比，一般人類的性關係與婚姻則是等而下之，是非靈性的。卡薩認為，男人對女人的愛應該是對天界女王（Queen of Heaven）精神之愛的人間寓言。

在許多基督徒的心目中，卡薩教派是改革運動，是對教會上層的腐敗和政治反彈。中世紀的教會，父權心態十足，久未接觸陰性靈魂，早已變得物質化、教條化，搬出一套「天啟」的律法及教義，全都非常理性、非常陽剛，透過儀式與教條提供集體經驗，但對尋常百姓來說，沒有個人經驗的空間，無法接近有生命的神。相反地，卡薩所行的是道德典範，對上帝的體驗是當下的、私密的、個人的、充滿感情的。他們恢復了信仰的陰性特質：回歸了金髮伊索德。

卡薩所信的世界善惡分明。精神是善，但這個物質世界則是惡。我們的靈魂實際上都是天使，其質性是神，流落天庭之外，為世事俗務所囚。我們每個人內在的那個天使，心有嚮往，努力追求屬天的精神存在，但維納斯，這位感官聲色的女神，卻將我們陷在黑暗的物質世界。為要得到救贖，卡薩力求「純潔」，拋棄維納斯

所佈下的誘惑，絕性事，簡飲食，棄絕一切陷我們於此邪惡痛苦世界的感官慾望。因此，卡薩排斥婚姻，不近男女之事。

他們敬拜的陰性守護神為一純粹光體，一身潔白，在天上等待我們，引導我們進入上帝之國。卡薩的救贖之道，唯有肉體死亡一途，離開身體，升至天上與女神相會。但為了解脫肉體的束縛，在卡薩男人的心目中，女人不是妻子，不是世間的伴侶或性搭檔，而是一個守護神的形象——仰而慕之，心嚮往之，但永遠是一個象徵，是一個提醒純潔與光明的「來世」象徵。

教皇宣布卡薩教派為異端，聖伯納（Saint Bernard of Clairvaux）發動無情的十字軍將之驅逐於地下。但正如所有強大的理想，被迫地下化之後都會改頭換面，以「非宗教的」形式重出江湖。卡薩的教義及理想突然再現，以宮廷愛情的仰慕，以吟遊詩人的歌與詩傳唱「愛情傳奇」。有些文化史家相信，宮廷愛情就是卡薩教派的「非宗教」延續，率先實踐宮廷愛情的騎士與仕女都是卡薩，以愛的崇拜為掩飾，繼續他們的宗教信仰。在外界看來，那是一種全新的、優雅的求愛方式，取悅奉承美麗的少女，但對內部的人來說，他們知道那是「規矩」，是卡薩教派理想的實踐。

宮廷愛情的理想風行中古歐洲的封建宮廷，對陰性價值中關愛、親密關係、細膩情感、忠誠、精神體驗及美的追求上，開展了一場革命，最後，革命成熟進入我們所稱的浪漫主義，同時大幅改變了我們對女人的心態，卻在我們的情感上留下了奇怪的裂痕。一方面，西方男人開始把女人看做是純潔、聖潔與完整的具體化身；女人成為阿尼瑪的象徵，亦即「我的女性靈魂」（My Lady Soul）。但另一方面，卻仍然死守著父權思維，在男人的心目中，

女人仍然是集感性、非理性、溫柔及軟弱於一身的典型，而所有這些特質，與其說是女人所特有，其實在男人自己的陰性面向中也不遑多讓。

就西方男人來說，要將女人當作一個人看待，而不是視為某種東西的象徵，這時候他還做不到。他仍然陷在矛盾之中，對於自己的內在陰性，有時候，他急著要找回自己失落的靈魂，有時候卻又鄙視她，視之為生命中毫無必要的累贅，是父權機械裝置中「卡住齒輪的扳手」。正是此一內在未癒合的分歧，使男人將之投射到外在女人身上，拿她當成了祭品。

自宮廷愛情的時代以來，有幾件事情已經有了改變。剛開始時，宮廷愛情還是一種精神理想，不允許戀人之間有性關係和婚姻。他們明白，另一個世界的仰慕不容摻雜個人的親密關係、婚姻及肉體接觸。相較之下，我們總是把戀愛與性及婚姻混到一塊。但有一個主要的理念，多個世紀以來始終不變，那就是我們的無意識信念：「真愛」必定是相互之間有如信仰一般的愛慕，情感深摯，沛然莫之能禦，至情所至，兩心同感天地交融。但我們卻有別於宮廷先人，把個人的生活，連同性、婚姻、做早餐、付帳單及扶養孩子，全都和這種仰慕攪成了一團。

宮廷愛情認定真愛只存在於婚姻之外，時至今日，我們仍然相信這個理念，它在無意識中影響我們，比我們所知的還要深遠。男人希望妻子照顧孩子，煮食備餐，分擔家計，做他每日為人生打拼的後盾。但在內心某處，他又希望她是阿尼瑪的化身，是那永遠美麗無瑕的天上仙女。他心裡疑惑，那個他仰慕的女神，晶瑩剔透，怎麼變成身邊這個老婆，庸俗平凡，蠻不講理。女人看著丈夫工作

賺錢，繳付帳單，修理車子，捍衛他的帝國，過著庸俗平凡的日子，心裡也疑惑，那個仰慕崇拜她的騎士，在他「護衛」著她的日子裡，一切如此激情，如此狂喜，如此幸福，而今何在？古老的無意識信念陰魂不散，回頭來纏著他們，在他們心底喃喃低語：「真愛」另在他處，在婚姻的庸俗平凡裡是找不到的。

正是這種嚴重的分歧在我們的內心作祟，一方面，我們要的是和一個普通人的穩定及關係；另一方面，我們又無意識地要求另外一個人是靈魂的化身，展現神的智慧，嚮往光明國度，推動我們達到宗教信仰一般的仰慕境界，以狂喜充實我們的人生。由此可知，卡薩教派的奇想及理想掛著宗教的面具，仍然活在我們內心。

這一類的理想，每一個都是一種真實的心理狀態；每一個都是一種心理的奇想，在我們的內心作祟，告訴我們，我們是誰，我們是什麼，我們需要什麼。

卡薩教派的信仰及其衍生出來的宮廷愛情孕育了西方男人心中最令人驚奇的奇想，也正是這個奇想，為我們孕育了今日的戀愛。雖然令人難以思議，但卻絕非空想：所有的奇想都是真實，是以象徵表現的真實，是其起源無可言喻的真實。卡薩的教義之為奇想，則是要找回自己失落的靈魂。這是不可思議的奇想，發現了內在世界是真實的，靈魂是真實的，諸神是真實的，以及我們確實可以找到那個世界，找到那美，找到那與諸神的交流。

許多男人都會同意，戀愛是「奇想」，但卻不知道他們講的是一件多麼了不起的大事；因為，雖為奇想，卻也真實，是一件我們可以做得到的真實，如果我們了解它的真諦的話。既要找到此一真實，我們就必須了解此一奇想及其象徵的背後；卡薩教派信徒及

宮廷奇想的那一套做法，我們大可不必搬到現實世界凡俗人的生活中，而是要把這奇想當作內在事件、內在真實去實踐，去體驗我們今天也肯定的她的永恆天地。

連騙帶搶

前後兩次，我們跟著崔斯坦航海去到愛爾蘭。第一次，他病入膏肓，只帶著琴放流海上，把自己交託給大海，帶他航向治療。他的內在旅行將他帶到金髮伊索德那，一個美麗絕倫、天賦異稟的女人，奇怪的是，他卻毫無反應。對伊索德，他一點也不動心；若說喜歡她，他也還懵然無知；對她，他不曾下功夫追求，換句話說，不曾想要贏得她的芳心。他要的，就只是她的治療，然後回康瓦爾去，重返人生的現實。

回到康瓦爾，俗事紛擾，心情紛擾。馬克王不打算娶后。自從布朗瑟芙勒死後，那麼多年來，康瓦爾宮廷中不再有陰性氣質存在。妻子或王后，於馬克王只是多餘。金髮伊索德，他定有所耳聞，但他不動心，一如崔斯坦。甥舅回復日常生活，沉湎於血腥的馬上比武，贏得戰鬥，殺敵屠龍，以及其他歡喜的陽剛消遣。後來，崔斯坦再次造訪愛爾蘭去找伊索德，也不是為了自己，不是因為看重她的價值和她的地位，不是為了親近她．此行，他有如打劫的海盜，「連騙帶搶」將她帶走，有如戰利品。

崔斯坦處心積慮要把金髮王后弄到手，所為何來？乍看之下，他的動機高貴而勇敢。他對馬克王說：「我為陛下甘冒生命之危難，好讓眾貴族明白我的忠心。」但這些話的背後意涵是？我們都明白，他竟是要拿伊索德作為自己與眾貴族競爭的棋子；帶她回來，只是為自己的帽子添根羽飾，榮耀自己的男子氣慨，證明自己是康瓦爾宮廷中最忠心、最英勇的護衛。從這個角度看，英雄的美德不啻惡行；因為，對待伊索德，崔斯坦充分反映了西方男人對待自己靈魂的心態。

生而為人，嚴重受傷而無計可施，自我的錦囊已空無一物，

眼看人生的意義和尊嚴蕩然，只有在這時候，我們才會心不甘情不願地去尋找自己的靈魂。一如崔斯坦，最後，我們流放自己進入無意識：探索自己的內在領域，尋找人生的意義。但是，一旦到了那兒，在伊索德的手底下療癒了，一轉眼，我們的人生又重新聚焦於父權的自我：計畫、生產線，以及外在世界的地位和聲望。如同崔斯坦，我們開始過度在乎自己的外在：別的貴族是怎麼看我的？誰才是最偉大的護衛？誰的出產最大？誰賺的錢最多？

馬克王拒絕結婚是個不好的象徵。在神話或夢裡，國王無后或無後，象徵的是拒絕完整，拒絕成長，拒絕以新生兒形式降臨的命運。在古代，國王沒有子嗣，百姓都會擔憂，害怕土地貧瘠，害怕風不調雨不順，害怕自己家族的人丁不興旺。相對地，國王或女王結婚，以及繼承人的誕生，則為他們帶來歡欣。即使今日，君主或親王生孩子，尤其所生是王位繼承人時，萬民歡慶鼓舞，宛如自身有幸。在我們的集體反應中，對王室子嗣的誕生都有著一股深沉的心理能量；在心靈的最深層，對我們來說，國王與王后象徵整個自性的演化，新生繼承人則象徵新的意識及我們內在所擁有的潛在能量。

無論我們的意識對王室所持的是什麼心態，我們一定都記得，在我們的內在還有著一個王室的原型。在我們的意識中，國王及王后象徵的是我們內在的最崇高及最真實，也象徵我們內在追求陽性價值與陰性價值結合的可能性。

因此，馬克王拒絕娶后，意味著西方的陽性心靈少掉了什麼東西：他不僅失去了陰性特質，而且他完全不在乎——甚至不曾意識到自己失去了它。長久以來，我們強化自己的陽性特質，過分強調

其價值，以至於把靈魂看成一個非必要的複雜體，截然有別於男性世界的條理與秩序。

怪異的是，倒是那些「居心叵測」的貴族，崔斯坦的世間敵人，他們挑起了這檔子事。在崔斯坦看來，他們無非都是「壞心人」。但話又說回來，迫使我們追求完整的，正是那些我們看自己內在時覺得邪惡的東西。那是一種威脅，一種瑕疵，是某種攪亂我們自我世界和正常生活的東西，那有可能是生病，過度操勞疲憊，也有可能是神經質發作打亂了生活，迫使我們尋找自己無法解釋的事情背後的意義。這些症狀及併發症對我們來說，有如「搗蛋分子」，只會給我們帶來麻煩，但也正是這些搗蛋分子，迫使我們去尋找王后。

等到我們終於要去找她的時候，跟崔斯坦一樣，我們「連騙帶搶」。等到人生枯竭的時候，我們才會去找阿尼瑪，但卻又要求她照我們的方式；把她當成我們自我的附屬物，當成我們表面形象的裝飾品。我們要求阿尼瑪激發我們，點亮我們的人生，給我們意義感及方向感，讓我們活得更積極，但卻不去了解她的想法，不想要公平對待她。崔斯坦利用伊索德作為安定國家的棋子，其手段與男性的自我之間締結聯盟如出一轍。這就是我們慣有的心態。

崔斯坦把英雄氣概表現得淋漓盡致，同時也讓我們看到了，我們的英雄是如何迷失了自己。崔斯坦一邊泡著藥草浴，一邊信誓旦旦對伊索德甜言蜜語，說自己的摯愛：

公主啊……一天，兩隻麻雀飛到廷塔哲堡，啣來一絲你的金髮，我認為牠們為我帶來的是善意及和平，所以才渡海來找你，並

甘冒惡龍及其毒煙之險。你瞧，你的髮絲就縫在我徽章上的那些金線中間，金線已經失去光澤，但你的金髮依舊閃耀。

現代男人所有的悲劇或許都是始於這樣的嚴重欺騙——因為，他在欺騙自己。崔斯坦的話語之所以動聽是因為他講的句句屬實；他的話語之所以可悲，則是因為他口是心非！他如果心口如一，那就代表一次演化上的大躍進，是西方男性自我的一次逆轉，是追求陰性特質的重大一步。但我們的父權祖宗崔斯坦口是心非，那我們呢？在接觸生命的陰性特質面向時，我們可以有樣學樣，講的是一套，想的卻是另一套嗎？阿尼瑪傳給我們和平的訊息。欺騙了幾個世紀之後，我們學會了誠實對待她嗎？

崔斯坦的話說得動聽，伊索德聽說自己的一絲金髮縫在他的徽章裡，便放下手中的劍，走過去驗證了他的深情，收起劍。她沒有刺他，而是吻他。這裡我們看到了內在陰性與外在女人相同的一面。對彼此來說，關鍵的原則都是接納。

如同伊索德，女人受到了男人的冷落或傷害，往往都會找法子調轉他的劍去對付他，讓他自己使出的力量反傷其身。但男人一旦覺醒到自身的需求，獻出愛，誠心誠意接納她，女人會生出一種近乎神奇的力量，原諒他。陰性特質利用對手的劍，一旦他收起了劍，獻出接納，同一瞬間，她也收起了自己的劍。攻擊轉變成為接納。陰性特質，無論在女人或男人身上，如果當下真心接納，付出了真情，通常都會不計前嫌，忘記過去的傷口。這是女人最可貴、最美的本能之一，是她活下去扭轉人生的本領之一。接納是她的第一原則，是她本性的主題，為此，她活著，勝過其他一切。

伊索德也不例外。崔斯坦讓她相信，他獻出了接納及愛，他確實是因為她的美好才重視她，要得到她，於是，她的怨恨及復仇計畫也就丟到一邊，垂下了手中的劍。這裡有阿尼瑪的兩個面向。靈魂並不只是我們隨時放在心裡的某種觀點，需要的時候掏出來，不然就擺到一旁去。對自己的內在世界，她同樣要求接納，也要求男人的時間和殷勤之類的東西。當他冷落她時，她會不痛快，會生氣。阿尼瑪會把他的劍拔出來，狠狠捅他。她攪亂他的生活，製造上癮及心理問題，進入戀愛的投射及騷動狀態。阿尼瑪，利劍在手，就會是個厲害角色，凡所過之處必留下破壞的痕跡。但如同伊索德，阿尼瑪會和解，如果我們去找她，平等對待她，如果我們尋求她的世界和智慧，她就會和解，對我們敞開她的內在世界。

無奈的是，一如崔斯坦，西方男人都是花言巧語之輩。但有一種奧妙難解的說法，說來也算是一種救贖：我們說謊時，無意間卻透露了真相。舉凡在意識上不想付諸實際的想法，其實在無意識層面卻是真的。崔斯坦知道自己說謊，卻不知道，在他有意識的動機底下，無意識拚命將他拉向伊索德。此外，在他最深層的存有中，他對她說的一切都是**真的**，只不過不到最後他不會明白。

伊索德相信他，為什麼？說來神奇，靈魂先知先覺；她可不是傻瓜！她為什麼相信他？因為，她聽到了謊言底下的真心，只要是最深層的真心，內在的陰性都會回應。

在我們的深層無意識中，有許多需求與慾望是我們的意識所不願意承認的；我們欺騙，往往就是在表達這些需求與慾望。當然，我們不能因此就說欺騙或背叛是合理的，但我們明明知道自己是在欺騙自己或欺騙別人，如果還願意面對欺騙底下的真相，那也就是

為這些真相負起了責任，同時，也直接而誠實地接受了它們。如同崔斯坦，我們全都甜言蜜語卻口是心非，但若我們靜下心來，用心看看這些話語是從多麼幽暗隱密的地方冒出來的，我們將會發現，我們所尋求的，我們所需要的，正是伊索德。

崔斯坦要尋找的是什麼，他自己不知道，需要的是什麼，也不知道，因此，無意識起了相反的神祕變化，他把自己的真心變成了謊言。當著愛爾蘭眾貴族的面，當伊索德聽到崔斯坦說出他的目的，發現自己被騙，利刃穿心，「羞辱心痛」，顫抖不已。

如此這般，崔斯坦贏得了她，卻輕蔑她；動人的金髮故事只是一個謊言；他把她交給了另一個人……就這樣……出於對馬克王的愛，崔斯坦連騙帶搶地把金髮王后給弄到了手。

但到頭來，連騙帶搶是無法得逞的。連騙帶搶，會逼得男人的自我跟自己的自性作對——與他內在最深層的需求衝突，與他自己的靈魂衝突。崔斯坦以為自己征服了女人，帶她返家，用來和親結盟，服務男性自我的權力，卻不知道橫在自己前頭的是什麼。他以為他征服了，卻不知道自己將被征服。

在崔斯坦面前，命運擺上了一只冷酷的陶甕，內有酒，世所罕見，別具風味。而他全然不疑，暢飲入喉。

III

崔斯坦與伊索德
的魔幻花園幽會

故事情節

現在我們再回到故事，眼看崔斯坦與伊索德在一小船上，駛向康瓦爾海岸。崔斯坦懷中摟著金髮王后——而她，已經是王的人。

新王后一出現，馬克王驚訝不已，人民歡天喜地，不僅因為她的美麗是國人從所未見，更因為她待人和藹有禮，無分貴族下人。王室婚禮盛大莊嚴，萬民同歡。但新婚之夜，伊索德讓她的女侍布蘭琴取代自己侍寢國王。她讓布蘭琴穿上她的華服，給她施了魔咒使王中邪。如此這般，王蒙在鼓裡，根本不知道他的王后早在登岸康瓦爾之前就已經失身於他親愛的外甥。

伊索德王后深受貴族及百姓愛戴，但是她與崔斯坦兩人卻是烈火焚燒，無有滿足。他們不顧危險，祕密幽會，恣意縱情。

王宮後面有一精緻庭園，花徑流泉，中有一高大松樹。松樹下，戀人幽會，十分隱密，以為可以避人耳目。每當晨號響起，兩人難分難捨，伊索德有時會說：「啊，崔斯坦，我聽說這城堡很神奇，一年會消失兩次。所以，但願它現在就消失，而這裡就是豎琴手吟唱的那座魔幻花園，一道氣牆團團圍繞它，花木繽紛，泥土芬芳；這兒無須警衛，英雄以朋友之懷為家，無有敵對的力量足以撼動那道氣牆……」

「不。」崔斯坦說……

「這裡不是魔幻花園。但有朝一日，親愛的，我們將攜手前往幸福國度，從此不再返回。那兒矗立一座白色大理石城堡，千窗萬戶，扇扇亮著燭光；每扇窗前吟遊歌手彈唱沒有終曲的旋律；那兒日照不至，但沒有遺憾：那兒是生命的樂土。」

日復一日，兩人之間，眼神相遞，深情流露，看在任何關心的人的眼裡，一切不言可喻。那些心懷叵測的貴族——願上帝詛咒他們——自也不例外，他們監視他們，向王舉發兩人，將王帶至幽會處所，隱身於松樹上，終於等到了伊索德潛身進入庭園。但月光皎潔明亮，伊索德看見了王投在地上的影子，渾身打了個哆嗦，祈禱崔斯坦不要來。

　　不久，崔斯坦出現，有如黑豹般悄悄翻牆而入，伊索德大聲喝斥，語氣嚴厲：「崔斯坦閣下，快告訴我，你為何祕密要求我到此會面，如果王知道了，他一定會往最壞處去想，那麼我命勢必不保。」

　　崔斯坦聞聲，目光掃過泉水，看見王的倒影，了然伊索德之出言嚴厲。這時候，崔斯坦的腦筋轉得快如他的出劍，但見他當即跪下，請求王后向馬克王進言，轉達他對王的忠誠。只聽他哀哀說道，虛偽的叛徒指控他及王后，並說：「啊，王后明鑑，我願意接受任何騎士的決鬥，證明您的純潔和自己的無辜。」

　　如此這般，這對戀人作起戲來，馬克王最後相信兩人是無辜的，垂下了已然對準崔斯坦心臟那上弦的利箭。

　　後來，伊索德將當晚驚險的過程告訴了布蘭琴，布蘭琴一口咬定：「伊索德，那是奇蹟，是上帝保佑你們，因為上帝仁慈，不傷害無辜。」

　　王對那四個居心叵測的貴族充滿憤怒，四人於是逃之夭夭。

　　倒是崔斯坦仍然不放棄王后，甘冒奇險，不放過任何機會，摟她在懷，極盡歡愉。終於，東窗事發，證據確鑿，王暴怒，如一頭受傷的野豬，決定將這對戀人送上火刑柱。就在前往行刑的路上，

衛兵將崔斯坦帶至懸崖上俯瞰大海的小教堂，放他進去做最後的禱告。才進教堂，崔斯坦說道：「與其在火柱上羞辱而死，還不如跳崖投海吧。」說著便躍窗而出縱身跳下懸崖。但一陣強風吹來，鼓起了他的斗篷，神的呼吸減緩了他的墜落，他安全降落海邊沙灘。忠心的隨扈把整個情況看在眼裡，帶著武器縱馬奔至海灘，兩人火速離去。

王怒火中燒，把伊索德丟給幾個痲瘋病人，與她同臥，任他們取樂，詛咒她不得好死。但崔斯坦及時趕到，揮劍砍倒痲瘋病人，救出伊索德，逃往野地默羅伊森林（Forest of Morois）。

荒林中，這對戀人住了三年，食根莖、草葉、獸肉，膚粗體瘦，面有病色，衣衫襤褸。但他們彼此深情凝視，情藥在他們的血液中遊走，兩人絲毫不以為苦。

一天，他們偶遇修士奧格林（Ogrin），一位聖潔正直之人，一眼認出是崔斯坦，責備他說：「願上帝拯救你，崔斯坦大人，你把你這一輩子和下一輩子都給毀了！一個背叛了主子的人，該得五馬分屍，烈火燒死，骨灰所落之處，寸草不生……崔斯坦大人，按照羅馬的律法，把王后還給那個和她合法婚配的男人……好好懺悔吧。崔斯坦。」

但崔斯坦回道：「要我懺悔什麼罪呢，奧格林大人？……你在這裡審判我們吧，但你知道我們在大海上是用什麼樣的杯子在喝酒嗎？我們兩個人都喝得酩酊大醉。我寧願草根樹皮和伊索德相依為命，也不願沒有她去做那廣土眾民的國王。」

然後，伊索德對奧格林大人說：

　　　　　　　　　　　　　戀愛中的人：榮格觀點的愛情心理學

「老爺，全能的上帝在上，

他不愛我，

我也不愛他。

全都是一劑草藥作祟，

我喝了，

他也喝了：其罪在此。」

如此這般，崔斯坦與伊索德拒絕認錯，告訴奧格林錯在藥酒，轉身遁回森林。

不久，一個狡獪的樵夫找到了他們的森林小屋，一逕跑去廷塔哲堡，恬不知恥地把自己出賣給王，作為他的嚮導。接近小屋時，王下了馬，躡手躡腳靠近，手中握著劍。等看到他們時，只見一對戀人和衣躺著，熟睡地上，崔斯坦的劍置放兩人中間，並未上鞘，兩人一臉單純無邪。

眼見如此景象，王在心裡暗道：「我的上帝，我不可以殺他們！他們一直在這林子裡住一起，若他們瘋狂地相愛，會這樣把劍放在兩人中間嗎？劍不入鞘，以白刃分開兩具身體，擺明了不是在證明與守護貞潔嗎？如果他們倆瘋狂相愛，會這樣純潔地躺在這兒嗎？」

於是，馬克王從手上取下一只戒指，套在伊索德的手指上，再從地上拾起崔斯坦的劍，將自己的劍置放原處。如此一來，他留下了和解及寬恕的象徵物。

崔斯坦與伊索德醒來，發現了王的戒指及劍，油然而生恐懼之情，但慢慢地，轉為驚訝。王的恨從未令他們感到不安，但這一

刻，他的愛卻讓他們覺得惶恐。第一次，崔斯坦懷疑自己是不是做錯了事；他開始渴望舅舅的愛及同袍之誼。

「但是，」他又想：「他會把伊索德帶回去！我在想什麼？我受得了嗎？王大可以趁我在睡夢中時把我給殺了，現在，他的慈悲喚醒了我的良知！」

崔斯坦心裡想著，伊索德如果是在馬克身邊當她的王后，她住的應該是雕欄玉砌的王宮，穿的應該是綾羅綢緞，而不是在森林裡，有如一個奴隸，委身破爛的小屋，過野人的生活，浪費她的青春。

「沒錯。」他心想：「她是他的妻子，她是王后，是按照上帝的律法結縭，在所有貴族面前加冕。我當然應該把她交還給王。」

但一整個晚上過去，他猶豫不決，滿心傷痛。

同樣地，伊索德也是滿腹心思。

「崔斯坦本來應該生活在王的宮殿裡，隨扈簇擁。他應該開展他的冒險，但因為我而忘失了他的騎士使命，淪為宮廷逃犯，流放在外，毫無目標，糟蹋人生！」

於是，崔斯坦與伊索德下了決定，她應該回到王那兒去。

但崔斯坦說：「王后，無論結果如何，無論身在何方，我永遠只會是你的，因為，我的愛是獨一的。」

接著，這對戀人走出森林，去找修士奧格林。才一見面，奧格林就對著他們大聲嚷嚷起來：「我的朋友，你們是不到最後才要出來，才要為你們的瘋狂懺悔嗎？崔斯坦，孩子，你還不願交還王后，求王的寬恕嗎？」

崔斯坦回答道：「奧格林大人，我們的愛本來無悔。但我不要

伊索德為了我在這該死的地方再煎熬受苦下去。拜託你，大人，送個信息給王，說如果他還願意接納王后，我會交還。如果他還要我在他的麾下效命，我會回去盡我應盡的責任。」

奧格林到聖壇前禱告、讚頌上帝，然後盡其一個修士所能的生花妙筆，修書一封，連夜送給馬克王。

馬克王立即召集諮議大臣，出示書信，令其宣讀。大臣稟告說：「陛下，可令王后返回留在陛下身邊。至於崔斯坦，則令其離開此地，找個法蘭西的王為其效力，或是為諾斯蘭國王效力。因為，若任他重返廷塔哲，則蜚言流語難免，有辱於陛下。」

事情就此確定。馬克王下旨傳令崔斯坦，於指定日子在渡口交還伊索德，並隨即離開康瓦爾，前往別處。

到了崔斯坦交還伊索德的那天，這對戀人坐在林中一隅悲傷哭泣。兩人在動身與王相見前相互立誓。

「王后。」崔斯坦說：「此去無論何往，我定會給你信息，只要你要求，我定會趕來，無論身纏何事，無論人在何方。」

伊索德給崔斯坦一枚翡翠戒指，說道：「吾友，這一枚翡翠戒指代表我的愛，戴在指上；任何你差來的人，以戒指為憑，見戒指如見人，一旦戒指現身，我將唯你之命是從，無論其為智為愚，權力或忠誠都無法阻擋。」

伊索德回到王國後，舉國重拾歡欣，康瓦爾百姓無不安樂昇平。但歹毒的貴族仍不放過伊索德，詆毀她，說她與崔斯坦有染。話傳到伊索德的耳裡，她向夫君，她的王提出要求，履行自己的權利：接受上帝的試煉。試煉方式如下：鐵塊加熱至火紅，伊索德向聖徒遺骨發誓，一切所言屬實，再以雙手握住鐵塊。如她所言為

真，上帝不使鐵塊傷她（凡好基督徒皆如此相信）。但她若說謊，鐵塊將傷她，如此一來，鐵證如山，她將為自己的背信背義接受火刑。

伊索德傳信給崔斯坦，安排祕密計畫救援。按照計畫，試煉當天，崔斯坦偽裝成一個潦倒的朝聖者，一身襤褸，來到海岸。試煉準備一切就緒：熊熊烈火燃起，一旁的聖徒遺骨看守嚴密，刑柱豎立，薪柴火引圍繞。

王后乘小船從海上而來，指著崔斯坦向一名騎士說：「把那個可憐的朝聖者帶過來，讓他抱我過那泥灘，好讓我在百姓面前保持整潔體面。」

於是，崔斯坦涉過水灘，將王后從船上舉起，抱著她來到乾地。只見她一身雪白長袍，站在廷塔哲及卡美洛（Camelot）眾貴族面前——沒錯，甚至連亞瑟王（King Arthur）及他所有的大臣也都從卡美洛趕來見證，確使上帝的審判得以彰顯，不受質疑。只見伊索德迎風而立，她的美令在場的人無不驚嘆。然後，她手扶聖徒遺骨，發誓說：「聖徒在上，除了我王夫君，以及剛把我從船上抱過來的可憐朝聖者之外，絕無任何男人摟我入懷過，謹此為誓。」

然後，王后因恐懼而蒼白，但因勇敢而堅定，走向熊熊烈火，拿起火紅的鐵塊。只見她手捧鐵塊，緩慢走了九步，然後拋在地上，舉起雙臂作十字形，面對人民，慢慢打開雙手。啊，看呀，她的雙掌完好潔淨。人民屏息靜立，驚愕萬分，然後爆出巨大呼喊，讚頌上帝，為他們的王后喜極而泣。

儘管歷經重重危險，僥倖過關，崔斯坦不願離開康瓦爾，也沒能離開王后。一天晚上，他潛至她的窗下，模仿夜鶯啼聲。王后知

戀愛中的人：榮格觀點的愛情心理學

道那呼喚;她記得自己對上帝的誓言,對奧格林的誓言,對王的誓言,但她哭喊道:「死又何懼?你呼喚我,你要我,我來了!」

如此這般,他們在夜晚的黑暗中相會,盡情享受他們的愛。但居心險惡的眼線和壞人無所不在,監視著王后,他們知道自己很快就會被發現。最後,崔斯坦離去,千言萬語,灑淚分手,告別康瓦爾。

戀人兩地相隔,既不得生,也不得死,因為,生與死一體;崔斯坦為逃避傷痛,獨航大海,遍走島嶼,遠走他鄉。

內在世界的王后

伊索德與康瓦爾的馬克王結婚，代表的是心靈深層某些強大的力量。阿尼瑪回到了內心的國度；陰性特質與陽性特質結合；自性完成，成為一體。我們聽到鐘聲鳴響，人們湧進大教堂，簇擁街道兩旁，爭相一睹新后，為她的美麗而欣喜雀躍。靈魂回到了康瓦爾，王有了妻子，大地為之豐饒。

這兒我們先停下來理解一下這件事情的意義，因為，這象徵著我們的內心有一場同樣的婚禮，一次同樣重大的結合。從麻雀飛進廷塔哲堡窗戶帶來她的金髮給馬克王的那一刻起，伊索德就已經是王后了。在她與馬克王成婚之前，崔斯坦已經稱她為王后，甚至在默羅伊的荒野中，他還是以「王后」待她。金髮伊索德，自始至終，永遠都是王后，不是別的。

王室婚禮的意義是，阿尼瑪與內在的王結合乃是天經地義。儘管崔斯坦是用計騙她，連騙帶搶；儘管他的動機不對，她是被迫嫁過來的；儘管他們在海上喝下了情藥；無論如何，伊索德都是內在世界的王后，她注定了只有一個位置：馬克王——內在的王——王座旁邊的王后。就她的王室及女神地位來說，也沒有別的位置配得上她。

明白了這一點，我們了解，崔斯坦背叛馬克王形同摧毀了他的王國，他不僅背叛了王，還把王后應有的尊崇地位給貶低了。這不僅毀了他自己的世界，也妨害了整個王國。當伊索德與馬克王成親時，她給這個王國帶來的是療癒及歡樂。但當崔斯坦誘惑伊索德到松樹下幽會時，其引發的效應到處都感受得到：王后貶低了自己，從后座上跌下來，遭到驅逐。王后的心分裂了，崔斯坦分裂了；很快地，王國充滿分歧，因為內部的衝突無解。

神話的矛盾，以及一切衝突、混亂及痛苦的根源，全都起於一個要求：崔斯坦要把伊索德據為己有。她本應為一國之后的地位，卻被一個個體所竊取。自我篡奪了本來應該屬於自性的東西。

那麼，在現代男人的生命中，這指的又是什麼呢？我們總是想把阿尼瑪變成一個外在的、有形的女人，因此，我們剝奪了她在我們內在應有的角色，亦即內在世界的王后。至於我們的做法，則是投射：用投射，我們的自我想要佔有阿尼瑪，將她禁錮於凡人的肉身中，在身體的、外在的、有形的層面去感受她。

若要讓阿尼瑪回歸她內在世界王后的心理角色，就一定要做到一件事：男人必須有意識地不再把自己生命中的女人投射到阿尼瑪身上。唯有願意收回投射，阿尼瑪才有可能在他的心靈中扮演她應有的角色。也唯有如此，他才有可能把他的女人當成她自己看待，而不是他投射的載體。

收回投射，榮格是這樣說的：

收回投射使阿尼瑪回歸其原本，亦即原型形象，使阿尼瑪得其應有的位置，為個人起良好的作用，在個人的自我與無意識之間運作……

——榮格，《移情心理學》

(*Psychology of the Transference*, par. 504[1])

什麼是阿尼瑪「應有的位置」呢？她，「在自我與無意識之間運作」，存在於一個人的內在心靈，於他的想像力之中，從內部喚

醒鼓舞他。

崔斯坦要將王后據為己有時，表示他堅持把阿尼瑪當成物質的存有，把自己的靈魂有形化，而不承認她是一種存在於內在世界的心理存有。阿尼瑪只是一個內在的陰性意象，他不透過象徵去感受她，卻要將她弄成一個實體的肉身女人。我們不僅拿女人的形象當作阿尼瑪的象徵，而且忘記了我們一直把她當作象徵在對待。我們以為阿尼瑪就是女人，女人就是阿尼瑪，於是要求女人扮演阿尼瑪的角色，是女神，而不是人類。如此一來，把阿尼瑪予以人化，我們忘失了自己的靈魂；而把女人當成神，我們忘失了她們的人性，剝奪了她們之所以為女人的本性。

伊索德嫁入王室，加冕為后，象徵著她應當安穩地做她的王后，統治內在的世界。我們再怎麼想，也不至於將她從內在的王的身邊拉走，拆散她的王室婚姻，或和她搞婚外的肉體關係。如果我們這麼做，王國也就破碎了，生活和親密關係的架構隨之瓦解。而崔斯坦始終把阿尼瑪當成一個有形的女人，他從未感受過她是「我的女神靈魂」，但唯有那樣，才是他真正的渴望、最深的智慧。

還有另外一種情況。我們可以學習區別內在與外在，把王后交給王，讓她展現一個全新的意識世界——一個唯有我們把她當成原型，於內在加以感受時才能看得到的世界。

在崔斯坦內心的最深處，他其實明白伊索德必須永遠是王后。他從未想過和她締結俗世的駕盟，關鍵在此；在緊要時刻，他將沒有上鞘的劍置於自己和伊索德中間，關鍵也在此。說到底，他明白自己無法以個人的及有形的方式擁有她。他一隻手把她交給王，縱使另一隻手還想要佔有她。他這樣做，全是出於無意識，悲嘆自己

的命運，卻不明白這樣做背後的原因。

　　如果崔斯坦做出這樣的犧牲是有意識的，如果他肯讓王后回后座，而且明白這是自己應當要做的，他的命運就不會是這樣的悲劇下場。他大可以留在王后身邊，把她當成她本來就該是的女神，讓她活在內心，放在對的位置。這樣一來，他既擁有自己的靈魂、高高在上的王后，內在的真實，又能夠自由自在地同世間女子營造外在的生活，以她應有的權利和身分，愛她疼她。

註釋

1　　此段的完整引述參見第十六章。

松樹下的騙局

要我懺悔什麼罪呢？奧格林，我的大人……你就在這裡審判我們吧，在大海上，我們是用什麼樣的杯子在喝酒嗎？我們兩人都喝得酩酊大醉。

當修士奧格林叫崔斯坦為背叛與通姦懺悔時，崔斯坦這麼回答他。有了這些話，世界上出現一種新的道德觀。凡是喝了情酒的人，都宣稱自己獲得了特許。崔斯坦告訴我們他無罪，他沒有犯錯，他對應的是一套新的法則。由於飲下了魔酒而酩酊大醉，他被提升了，超越了舊的對錯標準：除了感情的法則，他不受任何規則裁判。另一方面，上帝已經多次介入，他宣稱一切都是上天的特許，說的似乎也沒錯。

第一次，是在高大的松樹下，戀人祕密幽會的地方。月亮伸出了援手，使躲在樹上監視他們的王洩漏了行蹤。當布蘭琴知道他們演戲騙過了王時，她宣稱：「伊索德，這是奇蹟，是上帝保佑你們，因為上帝仁慈，不傷害無辜。」

這是什麼話？矛盾得無法自圓其說。這一對戀人背叛王，違背對他的誓言，欺騙他，何無辜之有？上帝不是要求婚姻聖潔，要求忠貞真誠嗎？這難道是另一個上帝？難道上帝也喝了同樣的酒，幫著背叛和通姦？

還不止於此！當戀人姦情敗露，崔斯坦走向火刑柱時，一躍而下懸崖。神奇的事情發生了，突然一陣強風颳起，鼓起了勾住他靴子的斗篷，緩和了跌勢。後來，馬克王去到默羅伊森林，眼見戀人同臥，巧的是，崔斯坦剛好把未上鞘的劍放在兩人中間，兩人又逃過一劫。最後，當著眾大臣的面，伊索德接受上帝的審判，拿起火

紅的鐵塊，毫髮無傷。上帝顯靈，證明她講的是「實話」。

　　所有這些奇蹟代表什麼？意義何在？這絕不只是戲劇的安排而已。其中的道理無非是，戀人所言，句句真實：他們是「無辜的」！他們「心地純潔」。他們被一種難以招架的事情和力量征服，他們迷失了，與另一個世界共鳴，與不同的存有層面起舞，以致與凡俗世界的一切標準都相牴觸。

　　這些奇蹟告訴我們，戀人做什麼都是對的，縱使看起來是「錯的」。最起碼，臨到這場轟轟烈烈的人生大戲上演時，他們可是全心全意地投入。「另一個世界」一再介入世間俗事，解除了戀人因自己的行為原本該承受的後果，因為，既然他們與凡俗世界及人類道德不同調，他們也就完全活在另一個世界。但這個世界既有自身的價值，也就有必然的後果，至於什麼樣的後果，很快就會揭曉。

　　如果我們問，使戀人與之共鳴的是什麼樣的世界，我們只要回到那棵高大的松樹，聽聽崔斯坦是怎麼說的：

　　這裡並不是魔幻花園。但有朝一日，親愛的，我們將攜手前往幸福國度，從此不再回返。那兒矗立一座白色大理石城堡，千窗萬戶，扇扇亮著燭光；每扇窗前有吟遊歌手彈唱無有終曲的旋律……

　　「魔幻花園」者，心靈的內在世界，個人的時空之外未經探索的部分。未飲情藥之前，崔斯坦對這個世界一無所知，一旦飲了，這個世界便將他吞噬。凡有所見，目為之眩，神為之迷，皆為他從所未見；他的心，他的身，他的一切感官，全都調到了唯一的一個

存在層面。

　　但馬克王呢？崔斯坦的人生和責任呢？伊索德的婚姻呢？她的誓言呢？她與她丈夫的人生呢？這麼一問，我們就會發現，在松樹下，情藥的需索何其多，它拿走了太多的東西！我們若不將它徹底釐清、不意識到它，若不將它放到正確的層面上，它勢必會控制我們，支配我們，瓦解我們的人生、人際關係，以及承諾和責任，不留下任何東西。它為我們打開的世界，是一個得來不易的世界，一個美妙無比的世界，它本是我們自己的一部分，只是我們忽略已久，有重新發現及接觸。但一如所有從無意識湧現的新生力量，情藥總是走不該走的路，破壞該保守的東西，忘了自己的本分。

　　崔斯坦與伊索德一旦為情藥所控制，不僅要求他們為自己的人生增加一個新的向度，還要求他們丟掉是非的分際，以及忠貞、承諾和誠信的一切標準，而所有這些，正是我們世俗中人面對這個世界時，使人生及關係得以穩定的要素。

　　我們已經看到，一個人一旦喝下情藥，他的整個世界為之顛倒。現在，我們也看到了，它還推翻道德：推翻價值，認對的為錯，認錯的為對。由於戀愛最大，愛情第一，多數西方人常常掙扎於兩種對立的理想之中，一種是愛情，另一種則是人類親密關係的忠誠。一般來說，我們認為兩者是同樣的東西，但實際上卻截然不同。

　　隨著宮廷愛情的出現，一套新的價值進入了我們的文化。不知不覺中，一種新的道德在我們中間誕生，開始塑造我們的心態。戀愛，就其最純粹的形式來說，所追求的唯有一事，那就是激情。為了獲得激情，犧牲一切在所不惜，包括責任、義務、關係甚或承

諾。拜宮廷愛情之賜，我們開始有了這樣的想法：人生的第一等大事，就是透過浪漫的投射把自己的靈魂找回來。我們始終不知道，找回靈魂另有其他途徑。受戀愛理念之影響，我們認定了，若要追求終極狂喜，發現「魔幻花園」，唯有一途可循：「戀愛」。

對愛情的膜拜重新定義了「好」與「壞」。我們的新道德說，人生最重要的事莫過於「戀愛」，莫過於去感受戀愛的強度與狂喜，在愛人的身上找回自己失去的靈魂。激情，是達成完整與完滿的唯一途徑。激情，帶領我們通往失落的諸神國度。

由於接受了這一套想法，無可避免地，我們採取了一套新的對錯標準：凡是為「戀愛」而做的都是「對的」；凡是有助於愛情的都是對的；凡有礙於愛情的都必須加以剷除，以利追求「更好」。我們和崔斯坦異口同聲：「你在這裡審判我們，但你知道我們在大海上是用什麼杯子在喝酒嗎？」我們深信不疑，跟著自己的投射走就對了，為愛而愛是我們的權利，無論結果是什麼，親密關係為之破裂，或有人因此而受傷。這時候，在無意識中，愛情成了最高的「善」，成了人生的主要目標；為了愛情，其他價值皆可以犧牲。

一般來說，現代男人都是將自己的靈魂形象投射到妻子身上，才揭開婚姻的序幕；唯有等到投射消散之後，才開始把妻子當成一個女人去了解。他發現自己愛的是一個女人，重她敬她，對她忠誠，感覺甚好，也明白她對自己的承諾。但有那麼一天，他遇見一個女人，她接住了阿尼瑪的投射。對阿尼瑪，他雖然一無所知，對投射也不甚了了，但卻知道這個「女人」事關自己人生的完滿，似有一層金光籠罩，只要跟她在一起，人生便充實、有意義。

就在那一天，西方心靈中的兩股敵對勢力手執利劍，在他的內

心開戰。兩種道德觀開始決鬥：一邊是他的「人類」道德觀，告訴他背叛妻子是不對的，這樣下去勢必會毀掉他們的關係。他的本能警告他，叫他要保住他所擁有的，珍惜那份得以長久滋潤他人生的愛，珍惜他與妻子共同建立的那份穩定與相互信任。

但另一方面，他的無意識心智傳來另一種聲音：戀愛道德觀。戀愛告訴他，只有跟隨阿尼瑪，生命才有意義，而且他一定要在「別的女人」身上追尋自己的靈魂——只要去做就對了，因為愛情自在其中，愛情才是一切。情藥道德觀告訴他，他必須追求愛情，不計任何代價：他有「權利」去「戀愛」，隨他高興；那才是生命的全部！對他自己來說，有一個「責任」確定不移，那就是務必活出他所能的最歡愉的最強烈的。古代的卡薩及宮廷騎士與佳人全都在向他低語，同聲一氣：「真愛」在婚姻裡面或世俗的關係裡面是找不到的，「真愛」只存在於妻子以外的女人——一個女人，他不當成女人看待，而是視之為女神的形象。

正是這一套信念牢牢捆住崔斯坦；無論是與伊索德幽會於高大的松樹下，或浪跡於荒林野徑中，也正是這條法則讓崔斯坦堅守不渝。我們唯一聽到的反對是老奧格林嚴厲的聲音：

一個人背叛了主子，就該得五馬分屍，烈火燒死，骨灰所落之處，寸草不生……崔斯坦大人，按照羅馬的律法，把王后交還給那個和她合法婚配的男人……好好懺悔吧，崔斯坦。

這個老傢伙落伍得令人討厭，全是古舊時候的聲音。那些老規矩從他的嘴巴裡吐出來，聽來實在刺耳。他耳提面命，我們卻只覺

得可笑，一文不值，不過是老舊時代的醬缸道德，癡人說夢。

但話又說回來，每種道德理念自有值得我們深究的地方，再怎麼說，它都是一套人類的價值。這些價值，絕不是用稀薄的空氣隨便編織出來的，而是源自於人類的心理深處，與之相對應的則是某種人類不可或缺的需求。道德通常很快就會成為一種社會表層系統，並因僵化而與人民真正的需求失去聯繫，淪為專斷的規範。但我們不妨看看其背後的人為運作，找出它所滿足的真正需求。

老修士的話講得刺耳，無非是要求忠誠與承諾——特別是在婚姻上。奧格林呼喊的是，人類必須相互依賴，唯有真正履行彼此所許下的承諾，否則人類的生活將無以為繼，關係無法維持，也無法以任何有意義的方式落實彼此的愛。奧格林明白，崔斯坦與伊索德不僅拋棄了對性忠貞，也拋棄了所有的忠誠、承諾及責任，唯一沒丟掉的是——忠於自己的愛情。

話又說回來，忠於自己的愛情並不等同於忠於一個人。但在我們的文化中，兩種東西卻完全混為一談。追尋愛情，我們不遺餘力，我們全都在追求永遠的「愛情」；在我們的想像中，這與忠於一個人是同一件事情。但愛情會消退，愛情會轉移到另一個吸引我們的人身上。如果我們只是跟著自己的愛情走，便不可能對一個人維持真正的忠誠。

在人類的社會體系中，忠誠與承諾就是原型，對我們來說，其必要性有如食物與空氣。人類需要穩定、忠心及持久的親密關係，奧格林的道德，忠誠的道德，就是源自於人類這種深層的需求。

每一個人都在尋求「忠誠關係」，幾乎無人例外。絕大多數人都明白這也是自己所需要的，而且不斷地談論與閱讀「親密關係」

的相關議題。但每當談到「忠誠」時，我們就先被自己先入為主的假定搞砸了。我們總認為，「親密關係」唯一的、非它不可的要件，就是「戀愛」。事實上，就親密關係來說，愛與忠誠才是核心要件。如果我們用心看就會發現，相對於愛與忠誠，戀愛是一套完全不同的能量體系，是一組截然有別的價值。種瓜得瓜，既然我們要的是戀愛，我們得到的就是戀愛——不會是忠誠，不會是親密關係。

　　一個男人會對一個女人忠誠，只有一種可能情況，那就是他真正發自內心地認定，她就是那個與自己一體的人，縱使兩人不再「戀愛」，感情不再熾熱，在自己心目中她不再是完美的理想，或自己靈魂的投射，仍然對她不離不棄。當一個男人真能發自內心這樣說，而且說到做到，那麼，他也就真正懂得了忠誠的真諦。但他應該也明白，他的內在正面對一場戰鬥。情藥的威力無窮，在我們的內在，新的戀愛道德根深蒂固，控制我們，支配我們，不管我們如何抗拒。把情藥放到對的位置上，與其共存卻不背叛自己的親密關係，這在現代西方世界，對任何男人來說，都是意識最難做到的事情。

　　在高聳的松樹底下，我們看到的正是這兩種道德的衝突：戀愛的道德與人類忠誠的道德。在我們每個人的內在，打從遠古時代，這兩股勢力就已經不聲不響地佈下了陣勢，打一場鏖戰千年迄無休止的爭戰。這場戰爭，戰鬥決定不了勝負，因為雙方旗幟鮮明，標榜的都是我們所需求的真理，不容喪失也不容摧毀。但兩軍兀自交鋒不止，欲置對方於死地，直到最後，明白了原來兩者各主人生的不同層面時才會停戰休兵。戀愛的道德是靈魂的真理，是內在世界

　　　　　　　　　戀愛中的人：榮格觀點的愛情心理學

的真理，是「魔幻花園」的真理，是內在生命的依據；隱藏在奧格林道德中的則是人類忠誠與承諾的真理，是外在生活的依據，屬於人際關係的層面。

　　至於我們的角色則是調解人，是仲介者——找到一個平台，讓兩者的真理得以落實，獲得實現。當兩者的需求都得到尊重，我們內在的兩個世界都得到了尊重，這些古老的勢力自會放下武器，達成和解。

默羅伊的第四年

情藥的藥效長達三年：

此為伊索德的母親所泡製，使其得有三年之愛。

在第一個、也是最古老版本的崔斯坦與伊索德故事中，詩人貝洛爾如是說。

藥效三年，絕不是隨便訂的；崔斯坦與伊索德在第四年離開默羅伊森林也絕非偶然。數字即象徵：數字三與數字四代表意識的特定階段。四是象徵圓滿、統一與完成的符號。四元素（譯按：地火風水）、四方（譯按：東南西北）、四季、曼陀羅的四邊，全都是史前意識統合的普世象徵。在夢及神話裡面，四的出現——無論四個物件、四個人，或四個時段——顯示的都是統合可能要發生了，心靈正朝向結合發展，或朝向完成的演化正在進行。如果願意付出代價，新的意識層面將應運而生，亦即新的開始蓄勢待發。

相對地，三是未完成的象徵，是我們意識到自己不完整的階段，我們不了解自己，卻無法解開生命的困惑。三是動態的，從不休止，永遠在尋找失落的要素，亦即統合所需要但下落不明的第四要素。三所代表的階段，是我們尚未意識到自己是一個整體或完滿。我們努力尋找、追求意義、答案，以及真正通往自性的看不見的道路。生命失落的部分失而復得，三就變成為四，四則可以成為一，亦即如實地意識到自己的完整與個體性。

我們都知道，崔斯坦父親死後，布朗瑟芙勒哀痛三天，崔斯坦在第四天出生。我們也都聽到，摩哈特與崔斯坦決鬥於小島上，慘叫三聲，他的命運隨之終止。在我們的神話中，三與四還會重覆出

現，甚至在崔斯坦生命的最後時刻。

崔斯坦與伊索德在默羅伊居住三年，但卻是被魔法困在林中。我們都知道，他們生活有如野人，面容憔悴枯槁，衣衫襤褸破損，食野味根莖，卻不以為苦，因為，他們飲下了魔酒，醉眼相看，唯有在彼此的夢中才是清醒的。在這對戀人的眼裡，默羅伊就是一生一世，是「魔幻花園」。但我們旁觀者卻明白，戀愛的投射並不是一生一世，只是感覺起來像而已。戀人棲身於三的象徵之下，我們於是知道，森林之外還有一個更廣大的世界。

當三年過去，魔法突然失效。無形發展的時鐘暫停，報時鐘聲響起：默羅伊進入了第四年。馬克王不可思議地現身，走進他們的小屋，留下了他的劍與戒指，代表他的律法與愛的信物。他召喚崔斯坦回到世俗人生，召喚伊索德——崔斯坦的靈魂——回歸她在內在世界的位置，回到他王座的旁邊。事情有了新的進展：收成的時間來臨，新生活就此揭開序幕。

一旦陷入「戀愛」，每個男人就此遁入默羅伊森林，整個存在聚焦於自己戀情的想像，因為，他深信他已在自己的投射中「找到自己」，發現了生命的完滿，但他卻不知道，自己在默羅伊森林的迷霧中脫離了世界，迷失於自己的投射所產生的迷惘。在默羅伊森林中，同他一起生活的，既不是嫁娶進門的女人，也不是他要尋找的阿尼瑪，只是阿尼瑪的投射而已——一個明亮耀眼的形象，如幻似真，縱使摟抱在懷，卻飄渺如風，若隱若現於樹間、石後或水霧之中。對於這種情形，他不由自主，因為他已經完全為情藥所蠱惑。但時刻終將來臨，待時間一到，藥效破解。

崔斯坦一夢三年，自夢中醒來，發現王在自己睡夢中已經來

過。王的信物代表和解，提醒崔斯坦俗世的存在，一個他已經忘失的世界——朋友、嗜好、工作、責任、熱情、人群、關係——所有外在於「魔幻花園」的一切。崔斯坦決定把王后還給王，還給她的人生，還給她「綾羅綢緞的宮闈」。

也就是在個節骨眼上，男人第一次有機會走出自己的投射進入親密關係。藥力失靈了！內在的王找回了自己！如果他看到了這一點並予以接受，一個新的時期就此來臨。這個由「四」所象徵的進展，是命運給他的一次大好機會。藥力解除，重獲自由，男人得以看清楚，他所愛的女人與自己對她的投射實際上是兩碼事，由此，他也了解，自己所投射的其實是自己的一部分，是自己內在的潛能，由於他一直想要透過女人活出這一部分，所以從未與之接觸，從未加以了解。

默羅伊森林第四年所帶來的啟示具有雙重意義。收回了戀愛的投射，也給了他一種能力，能夠認清一個女人之所以為女人的角色，由此而能與她結合，尊重她是一個個體，而非他迷失的靈魂之載體，或他自己未曾活出的生命。唯其如此，也才可能將她當成一個女人，一個平等的個體，一個自主的存有。唯其如此，才有可能接納她，開始認識她這個人，認識她的方方面面，認識她的力量與天賦——所有這一切是如此不同於自己，但又是自己的世界所不可或缺。

但奇怪的是，對於戀愛的這一個階段——魔力解除了——多數男人的反應，反而像是什麼大不幸的事！這分明是一次演化的重要關鍵，開啟了大好機會，但他卻莫名其妙地以為是一次災難。

一個男人對一個女人的投射突然消散時，通常都會說他不再

「迷戀」她了；她只是一個普通人，不再是自己幻想的化身，他感到失望，他所做的一切彷彿都是她的錯。但若他睜開眼睛就會看到，魔咒失靈為他開啟了一個黃金機會，讓他可以如實地發現那個真實的人。同樣地，這也是一次機會，讓他發現自己所不認識的一部分自己——他投射到她身上，想要透過她而活出來的那一部分。

面對新的時期，一如多數男人，崔斯坦悲嘆自己命運多舛：「他要帶走王后了！我怎麼活下去？」他以為自己若不能藉由投射擁有伊索德，便無法完全擁有她。

有一點非常重要，不可不知：崔斯坦其實並未失去女人，也沒有失去阿尼瑪。真正的麻煩在於：他會在哪個層面與阿尼瑪共存？他是要為自己找回自己的靈魂，將之當成自性的一部分來對待？為自己未曾活出來的生命負起責任？把靈魂還給內在的王，真正的意思是：開始為活出自己的靈魂負起責任，而不是去找一個女人來做替身。

對現代男人來說，這個問題還真是痛苦。他已經適應了習慣的模式：自己未曾活出的自性部分，他一向是透過別人來活，因此，一想到就此要將這個別人丟掉，簡直就是災難。在他看來，生命的喜悅與強度若要得到滿足，全有賴於有朝一日出現一個女人，造就他生命的完整與完滿。要他和一個女人一同生活，與她朝夕相處，卻又不能透過她活出自己，這對他來說根本就難以想像。

對女人來說，這個問題同樣困難。許多女人擺明了姿態，如果要她一輩子扮演家庭主婦、生兒育女、做僕人的角色，她們再也不幹，但叫她們不要扮演男人投射阿尼瑪的螢幕角色，卻沒有幾個做得到。我們的文化把女人訓練成了一種角色：不是一個人，而是一

面映照男人的理想或想像的鏡子。有如今天好萊塢的新進女演員，她裝扮自己，形塑自己，使出渾身解數，一舉一動，一顰一笑，務使自己成為阿尼瑪的集體形象。作為一個人，她必須少一些，作為男人想像的化身，她則必須多一些。

許多女人習慣了這種角色，叫她改變她還不情願。她們寧願繼續扮演男人的女神，而不願意做世俗的女人，她要受人仰慕崇拜，有如神，其間自有令人嚮往之處。但死守著這個角色可是要付出沉重代價的。既然把她當成女神看待，男人就不會把她當成女人般接納，他接納的是他自己的投射，是他加諸於她的那個自己的內在女神。一旦投射離去，從她身上轉移到別的女人，他的崇拜與仰慕也就隨風而去。他與她的關係如果不是人對人的，那麼，投射一旦消散，便什麼都不剩了。

多數人都明白這一點，所以才花費極大的精神和時間，想方設法維持他們之間的投射，維持他們之間的想像品質，維持那種此情只應天上有的感覺。如何「維持婚姻的浪漫」、「維持親密關係的熱度」或「確保配偶始終愛你」，每談到這方面的技巧，人們都說，「親密關係」唯一可能的根基就是「投射」。在他們看來，一旦投射消失，親密關係也好，婚姻也罷，全都失去了根基，因此，多數挽救婚姻的技巧不是別的，就只是如何善用投射，使之持續不斷而已。若說兩個普通的世俗中人可以發展出親密關係，兩個普通、不完美的人彼此可以相愛，又可以斷然任投射離去，這對現代西方人來說，根本就是無法想像的事。然而，這卻也是必要的。到頭來，唯有兩個人都承認，彼此相看，無非不完美的普通人，彼此相愛，不帶任何幻想，沒有過高的期望，唯其如此，親密關係才能

持久。

投射自有其本身的法則。我們可以利用投射，可以下功夫予以激化，使其活躍一段時間。但到了象徵性的「三年」過去，時候一到，情藥的魔力消失，投射隨即離去。到了那個時候，我們全都是崔斯坦，待在默羅伊，面對問題，準備做出抉擇。

結束了默羅伊森林的歲月，一個男人若走對了路，一個新的世界將為他敞開。他將發現，有些他自己的部分、潛能及力量是無法透過女人活出來的。他將發現，所有自己未曾活出來的生命，以及未曾落實的自性，都不能寄望於女人。他終於明白，有些事情必須親力親為，必須為自身設想：他必須有自己內在的生活；必須追求對自己有意義的價值；必須將興趣與熱情專注於發自靈魂深處的事情，而不是只放在和女人的生活上。這，就是崔斯坦放在他和伊索德中間那把未上鞘的劍，那是他的個體性的意識，是他的生命，有別於他放在女人身上的生命。

這樣做不僅無害於他與女人的關係，相反地，反而更有利於親密關係。由於他不再把女人當作自己靈魂的載體，他跳脫了出來。有史以來第一次，他可能把她當作一個女人看待，理解接納她的個性、她的獨特性，以及她的人性。他明白，她也是一個個體，有她自己的人生，有她存有的理由。她也不能把自己全都投射到他的身上，透過他來活出自己，把自己的人生當作他未曾活出的自性的陪襯。

在此一演化當中，潛藏著一個極大的風險：一方面要充分維持自己的自性，另一方面又要真誠接納另一個同樣情況的人。離開默羅伊森林，將伊索德還給王，把自己的靈魂回歸自己的內在，一

個男人才徹底認清一個事實：自己是一個獨立的個體。由此又覺悟到，自己有一部分是無法透過別人活出來的，只能完全靠自己，進而意識到，自性的寬廣與複雜遠遠超出自己的意料。因此，當他意識到了自己的獨特性時，便也能夠接納一個女人的個體性。真正個體化的關鍵不是別的，而是能夠理解接納別人，並尊重對方為一獨立的個體。

不幸的是，在我們的演化中，正是在這一點上，我們擁有豐富的機會，但多數人都錯失掉了。離開默羅伊之後，他們選擇了迂迴的道路，返回森林，回到了自己的投射。

當一個男人清楚自己一直想要透過另外一個人活出自己時，往往沒能了解箇中真意，就跳到了錯誤的結論。談到和妻子的分手，他會說是為了「找回自己」，他想到，婚姻期間有那麼多的事情沒做。他要活得有方向，要實現一些目標，因為，他覺得生命不斷在流失。他要重回學校，要展開新的生涯，要改善自己，要節食，要去想去而沒能去的地方，要做想做而沒能做的事情。

如果客觀地審視這些想法，他會發現，其中多數的事情，在婚姻或親密關係中都是完全可以做到的。他大可不必發明一個「有此無彼」的觀點，說什麼：「個體化或婚姻，只能擇其一。」事實上，他之所以一事無成，既無關結婚也不是妻子擋住了他的路。真正的關鍵在於，他從未要求自己或認真想過要為自己完成這些事情。一直以來，他指望妻子活出他沒能為自己活出的人生，指望她使他的人生完整，他無須努力也能完滿。如此這般，臨到了那一天，他突然發覺，自己不完整不完滿；他在自己的發展上一事無成，卻把一切都怪到她的頭上，而不知反求諸己。他說，她「擋了

他的路」，「拖累了他」，妨礙他「做他自己」。

這種心態只會使投射持續循環，重回默羅伊森林的迷霧及泥沼。一個男人走到了這一步，通常都會毀了親密關係，還大言不慚說，他要如何如何改變自己的人生，然後，去找另一個女人，解決他的問題，使他得以完整──結果白忙一場。他又重蹈覆轍，想要透過一個女人活出自己的無意識自性；他換了女人，但方式不變，過著同樣的生活。他的「個體性」變成一種逃避，一條惡性循環重回森林的老路。但他若守住那份關係或婚姻，為發展自己的個體性負起責任，才有可能真正面對問題。

我們最需要了解的是，人生有兩者缺一不可：我們既需要個體性，也需要和一個特定的人維持親密關係，不能為前者犧牲了後者；男人若不能充分理解接納，就不可能是完整個體；只有當他成為完整的個體，理解接納的能力也就隨之成長。人生的這兩個面向同套一軛，其關聯既深遠又古老，因為，兩者本來就是同一個原型的兩面，是同一個實有的兩個面向。

正因為如此，默羅伊的第四年，隨著魔咒的解除，重大的演化才有可能。也正是此一大好時機，造就了個體性與關係的結合──化解我們內在這兩股巨大能量之間莫須有的衝突，使兩者得以在統一體的人生中落實。

崔斯坦必須割捨。他以為自己不得不放棄阿尼瑪與女人，事實並非如此。他只是不得不放棄他處理阿尼瑪與女人的方式而已。他必須停止透過投射活出自己靈魂的寶貴權利，必須停止要求女人為他負載他的無意識。他如果做到了這一點，做得乾乾淨淨，他便會發現，他以為自己已經失去的全都會回來：他的靈魂將會以一種內

在的體驗回歸，他將發現另一個伊索德，一個俗世的女人，在默羅伊森林外，在他的投射世界的迷霧之外，一直等待著他。

割捨自有其法則：在錯誤地方的所得，男人若真正放棄了，自會在對的地方失而復得。與金髮伊索德在錯誤的地方共同生活，他若徹底放棄此一念頭，他自會發現，她將會在一個對的、可行的地方回到他身邊。事實上，他所得到獎賞還是雙重的，因為他將發現他擁有兩個伊索德，各自以她們的方式讓他體驗到她們的存在：一個伊索德是他的靈魂意象，另一個伊索德是女人。

不幸的是，崔斯坦割捨不下。到了最後關頭，他的陽性特質及決斷力太過軟弱。他和伊索德祕密安排，他留在附近，與她密會。他收下了她的翡翠戒指，那是她的保證，任何時候，只要他喚她，她就去會他，再度背叛了王。他為自己保留了權利，將她留在投射的世界，將他們的關係放回舊有的狀態，重新開始私通、密會、破壞誓言及背叛的循環。

崔斯坦若信守承諾，俐落割捨，便能夠將他與伊索德的關係提升到新的層次。無奈他割捨不下，私下破例，演化為之流產。象徵此一未能做到的割捨的則是翡翠戒指，因為，正是以這枚戒指為憑，他們約定了互不割捨。我們很快就會看到，在故事結束前，這枚翡翠戒指演出了多麼可怕的一場騙局。

一個人的命運達到人生的某一點時，魔咒破除，得以離開默羅伊森林，那就是決定與割捨的時刻。無論是對金髮伊索德或是對女人，內在的王都要求我們營造一種新的生活方式。

處理類似這則神話中所描繪的原型材料時，務必要記住：其中

所表達的理想未必可以直接轉化至現實生活。如同羅馬人的避孕觀點、傳統的離婚觀點，以及一夫一妻制，都是文化採納為準則的理想；同樣地，崔斯坦與伊索德中所提出來的理想無非也是一種崇高的觀點，在人類事務的交流中未必可以放諸四海。關於這一點，下面這一段擷取自《易經》（*I Ching*）的敘述，倒是頗為令人鼓舞：

在中國，一夫一妻是正統的規則，每個男人都只有一個正式的妻子。婚姻，與其說是兩個人的事，還不如說是一整個家族的事，有一套嚴格的規矩。但丈夫在個人的愛好上卻也擁有一己的權利……當然，說起來，這也是最棘手而且需要用心的，必須要面面俱到。但只要環境許可，未嘗不是一個解決問題的辦法，是歐洲文化無法做到的。當然，話又說回來，相較於歐洲女人的理想，在中國，女人的理想能夠達成的到底少得多。

——《易經》，頁 209

從這一段有關古代中國的細緻觀察，我們總算獲得一些鼓舞：理想往往是崇高的標竿，但未必都能達成。

IV

玉手伊索德出現，
以及愛與死的結合

故事情節

現在，我們回到故事，從上次看到崔斯坦說起。當時，他流浪異鄉，遠離伊索德與家鄉康瓦爾，「崔斯坦逃避傷痛，獨航大海，遍走島嶼，遠走他鄉。」沒有了伊索德，生命空虛，雖生猶死，他渴望一死，以解傷悲。但他又在記憶中牢牢攀附著她，以滋養傷悲，彷彿傷悲就是生命的一切，並拒絕所有其他的女人。他遠走異域，投入戰爭及冒險，漂泊不定，始終無家。

「我心倦怠，活著於自己毫無好處；佳人在遠方，無緣再相見。兩年過去，我浪跡天涯，她為何一點音訊也無，為何不差人送個消息？但在廷塔哲，馬克王賜她榮寵，而她取悅於他……至於我，人已忘我，何我獨不能忘？我心鬱鬱，難道無人能醫？」

崔斯坦沒有答案，但上蒼很快就會給他一個答覆。

崔斯坦縱騎進入不列塔尼（Brittany），悲慘景象落入眼裡，但見土地荒廢，城鎮空蕩無人，田畝成為焦土。一個修士對他說：「晚安，騎士，我們的王霍伊爾（King Hoël）被他的諸侯南特斯（Nantes）李奧伯爵（Count Riol）圍困在卡爾海克斯堡（Carhaix），李奧，那個大叛徒，任令土地荒廢。」於是，崔斯坦催騎來到卡爾海克斯堡城下，向王呼喊道：「我是崔斯坦，萊昂列斯王，康瓦爾的馬克是我舅舅。你的諸侯對你不忠，我特來助你一臂之力。」

但王並不放崔斯坦入城，因為卡爾海克斯缺糧，氣數已盡，離慘敗不遠。倒是年輕的王子卡赫丁（Kaherdin）進言道：「父王，這名騎士極為傑出，讓他進來，瞧他何等氣魄，或許可以分擔我們

的幸與不幸。」

　　卡赫丁隆重接待崔斯坦，待他如友如兄，領他巡視城堡、設施及地牢。如此這般，兩人攜手來到女眷宮闈，卡赫丁的母親及妹妹正在英格蘭布上繡金，唱著女紅歌謠。崔斯坦行禮畢，卡赫丁說：「看，吾友崔斯坦，我妹妹繡金於布上，多巧的一雙手。對了，妹妹，大家都叫你『玉手伊索德』（Iseult of White Hands）吧。」

　　但聽在崔斯坦耳裡，不覺一驚。只見他微微一笑，深深望她一眼。

　　如今，叛臣李奧率大軍兵臨城下，紮營卡爾海克斯三里之外，入夜可見營火，團團圍住城堡，切斷城中糧草。但自那一日起，崔斯坦與卡赫丁帶領著幾名忠心的騎士每天出城突襲，行動隱密，勇敢無畏，每次皆有斬獲，帶回滿車糧草及武器。卡爾海克斯又點燃了希望，霍伊爾王的人士氣大振。李奧軍中則流傳著謠言，說有兩名騎士所向無敵，總是連袂出擊，叛徒聞之色變。

　　卡赫丁出戰必與崔斯坦並騎，同進同退，互為奧援。每戰凱歸，談笑風生，所談不外騎士精神、俠風義行、愛與冒險。但見兩人感情日益深厚，親逾兄弟，情義相待。與崔斯坦並轡而行時，卡赫丁總會說起妹妹伊索德種種的好處，跟他說她的美麗、善良及單純。

　　一日，李奧伯爵率大軍及圍城機械猛攻卡爾海克斯，但崔斯坦與卡赫丁毫無懼色，率領騎士出城迎戰。崔斯坦縱馬直取李奧伯爵，兩人單挑獨鬥，以劍對決，戰至李奧的頭盔被崔斯坦劈裂，高喊求饒。李奧投降，鳴金退兵，進入卡爾海克斯堡，向霍伊爾王輸誠，宣示效忠。

待一切事情告一段落，卡赫丁向父親稟報：「父王，請您留下崔斯坦，讓崔斯坦娶我妹妹，成為您的兒子，我的兄弟。」王欣然同意，對崔斯坦說：「吾友，你已贏得我的愛。現在，迎娶我的女兒，玉手伊索德，王與后之親生，先人則為公爵。娶她，她是你的人了。」

　　崔斯坦答道：「陛下，我願意娶她。」

　　因為，崔斯坦已經忘記了傷悲；崔斯坦活過來了。他愛玉手伊索德，因她的善良，因她的美。他愛他的兄弟卡赫丁；他有大好的前程，有一個王可以效力。因此，他說：「我願意娶她。」

　　崔斯坦閣下與不列塔尼公主玉手伊索德結婚，在大教堂的大門，伊索德滿心歡喜，卡赫丁心滿意足，百姓歡欣慶祝。

　　但當天夜晚，僕人伺候崔斯坦寬衣，一枚翡翠戒指自他手指上滑落，掉在石材地板上，發出清脆聲響，聽在崔斯坦耳裡，卻有如喪鐘之鳴響。崔斯坦一驚而醒；凝視著戒指，想起了遠在康瓦爾的金髮伊索德。猛然間，傷悲回來。

　　「啊，我的心在提醒我，我犯了大錯。這戒指是你在森林裡給我的，在那裡，你為了我吃盡苦頭。我還怨怪你背叛我，那真是大錯特錯。現在，我才是在背叛你呀！竟娶了別人。我可憐我那新婚的妻子，為她的信任，為她的單純。看哪，兩個伊索德竟都碰上我這個邪惡的人！兩個我都不忠！」

　　新床上，崔斯坦躺臥，沉默冰冷有如石頭，把新婚妻子冷落一旁。最後，她忍不住問道：「大人，我做什麼事惹你生氣了，或是我做錯了什麼，為什麼連丈夫的一個親吻都不值？」

　　於是，崔斯坦編了一個故事。他說，以前他為一隻惡龍所傷，

倒臥病榻等死，向聖母發下神聖誓言：若她治好他，有朝一日結婚時，他將一年不親吻新娘，不同她行歡。他說：「我必須信守誓言，否則觸怒上帝，必有凶險。」伊索德接受了，但到了次日，當僕人為她戴上已婚婦人所穿戴的頭巾時，她為自己傷心嘆息，心想，她哪裡夠資格戴上它呢！至於崔斯坦，益發沉默，凝視著手上的翡翠戒指，心裡因金髮伊索德難過。

隨著時間過去，玉手伊索德終於忍不住，把祕密告訴了兄弟卡赫丁。卡赫丁這才知道，崔斯坦居然從未讓她成為他身體上的妻子。卡赫丁先是吃驚，繼而大怒，催馬去找崔斯坦，說道：

「儘管你是我最珍愛的朋友，親如兄弟，我斷不能讓這樣的羞辱就此罷休。現在你要決定，要麼讓我的妹妹成為你真正的妻子，要麼就接受我的挑戰，我們兵刃相見，洗刷我妹所受的奇恥大辱。」這一來，崔斯坦只得和盤托出，把除了修士奧格林之外未曾對任何人吐露過的事情都對卡赫丁說了：他對金髮伊索德的愛慕，他們如何在大海上飲下情酒，如何日日夜夜身心受著痛苦與渴望的煎熬，默羅伊森林的時光，瘋瘋病人與火刑柱，互換誓言，以及翡翠戒子。「如今我只知道，沒有金髮伊索德，我生也不能死也不能，活著，只是一個活死人。」

一路聽下來，卡赫丁怒氣漸息，最後，他同情地說：「吾友崔斯坦，像你所承受的悲痛，換作任何人，上帝都會保佑！且讓我想清楚這一切，給我三天時間，我再來跟你算帳。」

三天之後，卡赫丁對崔斯坦說：「吾友，你的問題我打心底想過了。是的，你說得沒錯，待在我們這裡，像你這樣的失心瘋，根本無法過一個正常人的日子，對你或對我妹妹玉手伊索德都沒有好

處。聽聽我的建議。我們兩個一起到廷塔哲堡去，你去看王后，了解一下她是否還愛你惜你，是否仍然對你一片癡心。若她已經忘了你，或許你會更加疼愛我妹妹，心地善良、心思單純的伊索德。我陪你去，我們是生死之交，不是嗎？」

「兄弟，」崔斯坦說：「所言甚是：『君子一言抵一國之金』。」

卡赫丁與崔斯坦化裝成朝聖者，乘船渡海前往康瓦爾。以翡翠戒子為憑，崔斯坦傳信給伊索德，要求見面。但金髮伊索德心有猶豫：崔斯坦娶玉手伊索德的事她已經有所耳聞，心想崔斯坦背叛了她，愛上別的女人。但她還是同意了……她該怎麼做呢？她安排會見崔斯坦，卻又聽聞了更多的流言。最後，崔斯坦終於來見她，偽裝成乞丐，她卻叫貼身僕人加以毆打驅逐。崔斯坦傷心離去，與卡赫丁渡海返回不列塔尼。伊索德聽說崔斯坦絕望離去，知道自己做錯了，傷心悔恨，日夜痛哭不止。

在卡爾海克斯，崔斯坦鬱鬱不樂，妻子安慰不了他，探險、狩獵甚至生活本身都失去了吸引力。最後他說：「我一定要回去看她，再見她一次，就算是死了也強過思念她死在這裡。人活在悲傷裡，就像一個死了的人，我寧願就此死了，但王后會知道我是因她的愛而死。我只要知道她為我痛苦一如我為她痛苦，那也就值得了！」

崔斯坦再度一身朝聖者打扮，沒有告訴卡赫丁，啟程返回廷塔哲。他以泥巴塗臉，扮成小丑、傻瓜、發瘋的流浪弄臣，來到馬克王的王宮前面，高聲呼叫王：「把王后伊索德給我交出來，我要抱著她，替你來愛她。」

王大笑問道：「你要到哪裡把她弄到手呀，傻瓜？」

「啊，很高很高，在雲與天之間，在明晃晃的房間裡。裡面陽光穿透，但風卻不驚擾分毫。那兒，我要帶王后進到我的水晶房間，玫瑰與晨光交融。」

裝瘋賣傻，崔斯坦就此混進了王后的寢宮，向她出示翡翠戒子。伊索德起先還懷疑，但終於認出是他，倒入他懷中。情慾使人瘋狂，連著三天他都故技重施，與她盡情歡樂，直至警衛起疑，他才知道該離開了，否則定會被捕。

「親愛，我必須趕緊離開了，因為他們起疑了。我必須趕緊離開，否則就再也看不到你。我的死亡近在眼前，你不在我身邊，我將因思念而死。」

「啊，親愛。」她說：「緊緊抱住我，壓碎我們的心，讓我們的靈魂終於得到解脫。帶我去那很久以前你說過的快樂之地，帶我去那無人回歸之地，卻有偉大歌者永遠歌詠。帶我去吧。」

「我會帶你去，去到那永生女王的常樂殿！時候快到了。當一切結束，我若喚你，你會來嗎，親愛？」

「親愛，」她說：「喚我，你知道的，我一定會來。」

預言死亡，一語成讖。崔斯坦匆忙離去，伊索德再見他時他已不是活人。

崔斯坦回到卡爾海克斯，還是不碰妻子，人間歡樂從未點燃他的眼睛，從未有喜悅照亮他的臉龐。一段時間後，他縱騎趕去協助卡赫丁，對抗敵對的貴族，兩人遭到埋伏，儘管手刃七名包圍他們的騎士，崔斯坦卻被毒矛刺傷，命在旦夕，致命的毒藥在他的血管中奔流，醫生、巫師俱皆束手無策。但崔斯坦喚來卡赫丁說：「兄

弟，我已無藥可醫，拿這枚翡翠戒指去找金髮伊索德，告訴她，她若不來我將活不下去；叫她一定要來，因為我們同飲了自己的死亡，叫她記取我的誓言，一生唯有一愛，我做到了。」

於是，兩人約定好信號：若卡赫丁帶金髮伊索德回來，便升白帆，若伊索德拒絕同來，便升黑帆。

「好兄弟，不要哭。」卡赫丁說：「因為，我定不負所託。」

但玉手伊索德在門口全都聽在耳裡，幾乎當場暈倒。她終於了解丈夫拒她於千里之外的原因。從那一日起，她雖不動聲色，卻苦思報復——報復金髮伊索德，是她，奪走了她的丈夫，是她，奪走了她的人世歡樂。

卡赫丁乘船直駛廷塔哲，好風相隨。來到王的宮廷，他偽裝商人，向王后展示他的商品，將翡翠戒子放在她面前，輕聲轉達了崔斯坦的信息。王后立即出宮，祕密登上卡赫丁的船；但見船行海上，伊索德看著船艦穿波破浪，凝目遙望卡爾海克斯。

崔斯坦太過於虛弱，無法到卡爾海克斯的海崖上瞭望。但每日躺臥小床，他都問妻子是否看見船回來。一天，她終於看到船出現在海上，白帆鼓風而來。於是，她把心一橫，她可以報仇了。去到丈夫那兒，說：「大人，我看到船了。」

「帆呢？」崔斯坦問：「什麼樣的帆？」

「唉呀，顏色嗎？」她說：「黑色的。」

崔斯坦轉身面對牆。

「我活不下去了。」他說。

然後緩緩說道：「伊索德，我親愛的。」緩緩地，反覆四次，說完，嚥下最後一口氣。

這時候，海上起風，吹襲船帆，將船推上海岸，伊索德登岸，聽到街上有人揚聲哀悼，大小教堂鐘聲齊鳴；她問百姓，喪鐘為何而響，眼淚為誰而流。一名老人對她說：「夫人，我們遭逢了巨大的悲傷，大忠大義的崔斯坦死了。這實在是這塊土地的大災禍。」

　　她直衝而上王宮，斗篷飛舞如狂。不列塔尼人莫不驚訝於她的出現，從未見過如此美人，說道：「她是誰？自何處來？」

　　伴著崔斯坦，玉手伊索德蜷縮在旁，因自己所造的災難而瘋狂，呼喊悲悼逝者。另一個伊索德進來對她說：「夫人，起來，讓我到他的身邊；我比你更有理由哀悼他—相信我。」

　　只見她轉身向東，祈禱上帝，稍微移動一下遺體，在崔斯坦，她的愛人，旁邊躺下，吻他的嘴和臉，緊緊抱住他；如此這般，她捨棄了自己的靈魂，因哀慟戀人，依偎著他死去。

　　消息傳到馬克王那兒，他渡海而來帶他們回康瓦爾的家，為他們各造一座精美的墓，分葬於一小禮拜堂的左右。一天夜裡，一叢野玫瑰萌芽生於崔斯坦的墳上，枝強，葉綠，花香。很快地，攀過小禮拜堂，著根於伊索德的墳上，歷經許多人世，茂盛，美麗，芳香。

謎與矛盾

我們已經跟著崔斯坦與伊索德走完人生旅程，看盡了他們的歡樂、痛苦與最後的死亡。但旅程還沒有結束，因為，這一趟旅程要分兩趟來走。一趟是經歷之旅，一趟是學習與理解之旅。現在我們要做的是，退一步問：這段旅程的意義何在？我們能學到什麼？

　　在故事最後也是最戲劇性的部分，有一些難解的謎、問題及矛盾，有待我們加以審視與釐清。唯其如此，在我們繼續探討其中的象徵時，才能夠將之放在心上，作為參考。

　　最顯而易見的矛盾，就是崔斯坦拒絕接受玉手伊索德。故事的這一部分，一開始時，崔斯坦徘徊於絕望與孤獨之間，他吶喊道：「為什麼我連一個能治癒我不幸的人都找不到？」

　　他的問題很快就有了答案。他得到了玉手伊索德、卡赫丁，以及一個可以效力的王及體面的生活，但他拒絕了，為什麼？這根本就不符合做人的道理。他不能和金髮伊索德營造一種人類的親密關係，他把她還給了馬克王，金髮伊索德在那裡有自己的生活。但他也不和玉手伊索德共築人類的生活，為什麼？

　　他相信，自己注定了要受苦和孤獨一輩子，他根據的是哪門子奇怪的道德，哪門子奇怪的「對」與「錯」、「忠誠」與「背叛」的觀念？他相信，自己有義務拒絕一個女人和他一起生活，寧願因渴慕一個他只能供在心裡，永遠都無法真正擁有的理想化女神而死，這又是為什麼？

　　就人類來說，這根本說不通，這樣的心態只會毀掉人生；事實上，它還真的使崔斯坦的人生變成了「活死人」。但就愛情的浪漫來說，崔斯坦的心態卻是完全說得通的。每個男人的內在都有一種聲音，始終不渝地堅持，真正有意義的是不斷追求完美的理想化女

性，而不是和真實生活中有血有肉的女人過安定的日子。

　　每個心理學家都有源源不絕的個案在問：「為什麼我連一個能治癒我不幸的人都找不到？」這也是我們這個社會最常提出的問題。但多數人還是在走崔斯坦的老路。男人的生命中，出現了一個有血有肉的世間女子，愛他，接納他，到頭來，他卻因為她不符合理想的典型——那個只活在他內心的金髮伊索德——而嫌她棄她。

　　在故事的這一部分，第二個難解的謎是：崔斯坦與金髮伊索德之間到底是什麼樣的「愛」？跟隨著他們，一路下來，我們全都把它真當一回事；說到底，無非就是我們西方的浪漫在作祟。但到了最後，對於那種目中無人的自我中心，兩個人以「愛」之名你來我往的行徑，我們卻又不免疑惑。

　　崔斯坦抱怨伊索德「馬克王賜她榮寵，而她取悅於他」。為什麼會這樣？如果他真的愛她，難道不希望她和丈夫過幸福的日子？這問題看起來未免天真，但若崔斯坦宣稱一切都是因為「愛」，那就問對了。後來他說：「我寧願就此死了，但王后會知道我是因她的愛而死。我只要知道她為我痛苦一如我為她痛苦，就值得了！」

　　崔斯坦希望自己所愛的人不快樂，希望她痛苦，這算是哪門子的「愛」？如果他相信她已經和過去和解，與馬克王過著幸福的日子，他幹嘛要回去在她的感情上丟一把火？他何苦勾起她的痛苦，破壞她和馬克王的生活？

　　至於伊索德，崔斯坦和另一個女人結婚了，她就因此把他看低了，這又是哪門子的「愛」？伊索德嫁給了馬克王，同他一起生活。但崔斯坦卻不可以娶別的女人，不可以愛別的女人；重要的是，他不可以快樂，這又是什麼奇怪的標準？任何正常男人做了的

事情，只要他做了，就是對金髮伊索德的「背叛」。是什麼樣的「愛」讓伊索德希望崔斯坦孤獨痛苦，沒有妻子，沒有家，沒有孩子？

這不是愛。愛是一種有對象的感情，對象是別人，不是自己。愛是希望自己所愛的人幸福快樂，不是一場拿別人做犧牲品的大戲。奇怪的是，在崔斯坦和伊索德的心目中，這才是「愛」。

按照人的標準，這簡直就是倒行逆施：他們彼此相「愛」，卻都要對方痛苦、不快樂。他們口口聲聲「背叛」，但他們對彼此的「忠誠」卻是背叛伊索德的丈夫和崔斯坦的妻子。他們拒絕建立一個家庭，一起過人的生活，卻也不讓別人跟另一個人過正常模式的生活。

這對我們來說其實並不陌生。我們都看過，許多「戀愛」中人就是如此。多數人也都接受這樣的矛盾心態，有的時候，我們想要輕輕帶過就算了，但神話裡面的矛盾昭然若揭，因為，那全是來自無意識的生猛活力。

隨著我們探討神話的象徵，愈來愈清楚的是，最大的矛盾其實是戀愛本身。自成一個心態系統，戀愛正是這些奇怪矛盾的本源，戀愛是兩種聖潔的愛不潔的混合。其一，是「神的」愛，如我們在前面講過的，這是我們對內在世界的自然衝動，是靈魂的愛，對象是上帝或神。另一則是「人類的」愛，是我們以人——血肉之軀的人類——為對象的愛。兩種愛都是合理的，是必要的。但由於心理的演化上出了一些問題，我們的文化把愛情中的這兩種愛搞混了，而且幾乎要失去兩者了。

就其本質來說，浪漫主義與浪漫的愛情都是一種合理的嘗試，

目的是要恢復西方意識所失去的一些東西。以浪漫主義來說，要恢復的是我們對生命的神性面、內在生命、想像力、神話、夢及靈視。至於這則故事的悲劇，則是在告訴我們，我們誤用了浪漫主義的理想，把神的愛放錯了地方，以至於毀掉了人的親密關係。我們所謂的「愛」並不是愛，我們弄反了「忠誠」的意思，是追求一種短暫的理想化意象，阿尼瑪的意象，而不是愛有血有肉的人類。

話又說回來，這裡要特別提醒的是：在我們檢視《崔斯坦與伊索德》悲劇的含意時，必須要記住，戀愛是我們心理演化的一個必要階段。無論戀愛有多麼不好，無論要花多大力氣處理我們的關係，我們只能在這條西方的道路上走下去，使混合在情藥中的兩種愛得以進化及完善。戀愛有如一條「愛的隧道」，我們不能在黑暗中堵塞不前，必須走出去到另一頭，把矛盾解決掉。但對西方人來說，這條隧道非走不可。找到感覺，接近這兩種重要的愛，我們唯一知道的途徑就是「戀愛」，到矛盾的折磨裡學習。

一路往前走去，當幻想破滅，矛盾現形時，千萬記住，問題不在於歌頌或詛咒愛情，也不在於保住或丟掉愛情，重要的是使之成為一條通往意識的道路，誠實地體驗矛盾，學會尊重愛情中的兩個世界：崔斯坦所追尋的那個金髮伊索德的神的世界，以及他所拒絕的玉手伊索德的世界。

塵世伊索德

對金髮伊索德，崔斯坦從來沒有建立過人的親密關係，也從未給過她一天有保障的穩定生活，從未帶來彼此都需要的溫暖與陪伴。回顧一下他們所經歷的一切，曲折離奇，驚心動魄。他們祕密幽會，鋌而走險，他們被拖往火刑柱，出走逃亡，落難默羅伊森林，跟自然及敵人搏鬥。但所有這一切並未轉變成為人的關係。

戀愛最大的矛盾在於，**戀愛只要維持在浪漫階段就無法創造出人的關係**。浪漫製造高潮、冒險犯難、充滿張力的愛的場景、嫉妒及背叛，但如果不脫離浪漫階段，彼此相愛而不再「戀愛」，就無法進入以血肉之軀的相互對待的人類關係。

為什麼會這樣？我們開始明白了，關鍵在於，金髮伊索德是阿尼瑪。崔斯坦在她身上所尋求的是神的愛；是無意識在尋求通往內在世界的通道。對金髮伊索德，崔斯坦無法形成一般的人類親密關係，關鍵在於她是阿尼瑪，只是一個內在的人，是象徵。

崔斯坦離開康瓦爾，把伊索德留給了馬克王，他也就陷入絕望的深淵。在他看來，他失去的其實是附身在一個凡間女人身上的阿尼瑪，情形與所有「戀愛」中的男人如出一轍。從他的自我的角度來看，生命失去了意義，因為，在他看來，意義只能在金髮伊索德身上尋獲。

戀人兩地相隔，既不得生，也不得死，因為，生與死一體；崔斯坦為逃避傷痛，獨航大海，遍走島嶼，遠走他鄉。

如此這般，才有了崔斯坦的大哉問：「為什麼我連一個能治癒我不幸的人都找不到？」

儘管他的自我視生猶死，命運卻不曾停下腳步，拽著他繼續走人生的道路！那個在卡爾海克斯堡等他的女子，安安靜靜，不聲不響，正是人間生活的象徵，玉手伊索德是凡間的伊索德。

　　一如崔斯坦，這個伊索德，我們根本沒當回事，在我們的心目中，唯有自己的忠誠最重要。任何「單純的」東西，我們都看不上眼。對我們來說，「單純」意味著乏味、愚蠢或無知，卻忘記了單純才是人生所不可或缺：生活的藝術就是在微小、自然、不那麼戲劇化的事情裡找到意義及樂趣，而最高境界則是從我們製造的混亂複雜中看到生命單純的本質。但在今天這個時代，我們對玉手伊索德卻有著一種集體偏見。如果有一種直接、不複雜而又單純的關係，可以為我們帶來快樂，我們反而不要，說什麼「太單純」、「太乏味」。我們耳濡目染，只有高檔的、高強度的、高壓力的、巨大的、複雜的東西才會得我們的青睞。

　　《崔斯坦與伊索德》真正的悲劇隱藏在一個既低調又不起眼的地方，我們根本不會注意到。是崔斯坦的死嗎？不，人皆有死，不是嗎？崔斯坦真正的悲劇在於，他還活著的時候就已經了無生趣，以致活得既不像個人，也活得沒有愛。他之所以成為一個「活死人」，關鍵在此。崔斯坦拒絕玉手伊索德的那一刻，真正的悲劇才發生；也就是在那一刻，他推開了這個世界，以及所有隨著人間生活而來的一切——人類的愛、接納，以及所有的歡樂。

　　就我們西方人來說，隨著母乳我們一同喝下了戀愛的乳汁，玉手伊索德？顯然是個小角色。我們迷上的是另一齣戲碼：祕密相會及別離，私下密謀，以及崔斯坦與金髮伊索德之間那不屬於人間的熊熊烈火。但我們若退回去，把眼光放到玉手伊索德身上，或許恰

如卡赫丁所說：「或許你會更疼愛我妹妹，心地善良、心思單純的伊索德。」

這個伊索德代表不同於內在陰性的一面，是我們之前未曾接觸過的。她的一雙「玉手」隱含多重象徵，細緻白皙之外，更擅長於生活實務。這個伊索德樂在尋常的人間生活。我們第一次見到她是在城堡的女眷宮闈，她正織著花毯，繡金於英格蘭布上。她有王室血統，但我們卻不難想像她生兒育女、烹飪煮食，在簡單的活動中成就人生的可能。

女性的這個面向，我們稱之為「塵世陰性」（earth feminine），因為，是她把一個男人跟這片有形的土地連接到一塊，包括他的人類同儕、平常生活，以及身在人間無可迴避的需求、承諾、責任及時間和空間。塵世陰性是內在人物，給他力量，使他在人類的層面上去愛，去造就人的關係。

她象徵每個男人的一種內在能力，男人因有這種能力才能看見美，看見價值，以及物質世界、肉體生命及一般人性中的神聖性。是她，在主管男人與其**外在**世界**外面**人（*outer* persons）的關係。相對的，阿尼瑪則是主管男人與其**內在**領域**裡面**人（*inner* persons）的關係。塵世陰性的愛，既非浪漫的理想主義，也非內在女神的投射，卻懂得如何去愛一個外在的凡人。她的愛是人類的愛，將我們與有血有肉的女人和男人連結起來，肯定他們的人性及平凡。

玉手伊索德所做的一切都在告訴我們，她所關心的無非就是連結。這是她的原則，是她的基本能量系統。崔斯坦口中的金髮伊索德是：「我們同飲了死亡。」但這個伊索德不關心死亡，她在意的是生活，一個平凡人的世間生活，關心的是一個會愛她、照顧她，

並接受她滋養的人。這個人間伊索德，不會要求人家帶她去只存在於死亡國度的「魔幻花園」；相反地，她要求崔斯坦愛她，和她在有生之年於卡爾海克斯共度人生。

我們不妨拿玉手伊索德跟金髮伊索德做個對比，對塵世陰性的了解就會更清楚些。金髮伊索德，我們很難想像她是個家庭主婦，生兒育女、洗手做羹湯、織毯繡金，與丈夫共老於單純的家庭生活。我們所能想像於她的，無非是轟轟烈烈的大戲，危險重重的遭遇，狂喜的幽會，淚眼的相別，要不就是王后，於美輪美奐的城堡中高居后座。她是女巫，女巫王后的女兒，出生於不知名的魔島。她是女神，半神半人。她是女性那無法企及的一面，神神祕祕，是「遠在天一方的公主」，只有用象徵與想像才能夠真正感受得到。阿尼瑪可以活在內在，或者外化成為一齣戲——火刑柱，瘋瘋病人，默羅伊森林。但她無法滿足於平凡單純、責任義務限制重重的人類關係。

至於玉手伊索德呢？她是人類。她不是天生的女巫，不是居住在「另一個世界」的半神。她生於塵世，父母是凡人，在尋常的人類環境中長大，為未來的人類生活和個人生活做準備。她是陰性面向中適合尋常生活及個人關係的那一面。

阿尼瑪一心想要把我們帶往內在世界，帶到無意識無有拘束與限制的境地，對任何人無有承諾，不會因為責任或義務的約束而退縮。但塵世陰性引導我們進入人類關係有限的個人世界，受到她對個體的承諾、責任、義務、感情及接納的重重束縛。

當生命轉向死亡，死亡逐漸逼近，崔斯坦僅有的重生機會出現。他逐漸接近玉手伊索德：他想要活下去，想要愛，想要重新做

一個人。他忘記了自己與死亡的約定。卡赫丁打開了卡爾海克斯堡的大門，引崔斯坦為知己。崔斯坦找回了友誼、愛、事業，感情有了新的重心。

「為什麼我連一個能治癒我不幸的人都找不到？」但這時候，有一個妻子愛他，給他摯愛，給他有感覺的生活，給他性愛，為他繫上人類的家庭及家族紐帶。隨她而來的還有一個兄弟、一個父親、一個國家。但他拒絕了，為什麼？

後來，隨著故事的發展，他告訴我們原因……躺在臨終的病榻上，他向卡赫丁招認了翡翠戒指的事，叫他最後一次努力，把金髮伊索德帶來。「叫她一定要來，因為我們一同飲下過死亡，叫她記取我的誓言，**一生唯有一愛**，我做到了。」

正是這個錯誤的想法、這個誓言，愛情的悲劇就此定調。崔斯坦發誓，**一生唯有一愛**。而他所謂的一愛，是我們所說的神的愛，是將我們導引至內在世界的愛。當崔斯坦發誓唯有一愛時，愛的是阿尼瑪的神的愛，也就發誓放棄了人類的愛與人類的親密關係。美好的愛有兩種，男人要活在兩個世界中，要愛兩個伊索德。愛情最大的問題就在於只尋求一種愛，卻忘了還有另一種愛。崔斯坦拒絕玉手伊索德，指的正是這一點。

當崔斯坦拒絕玉手伊索德時，所表現的正是西方男人的標準心態。西方男人無意識地相信，透過婚姻可以與自己的阿尼瑪連結，一個女人可以是他投射靈魂意象的載體，因此，沒有必要把女人當作一個人看待，儘管女人也是一個實存的個體，有其複雜的結構與意識。男人相信，他要尋找的是金髮伊索德，至於玉手伊索德，大可以拒於門外；他所追求的，始終都是自己投射在一個女人身上的

神的世界，卻從未把那個女人當作是一個獨立的個體。

戀愛，出於其矛盾的本質，把我們都給騙了：表面上看來，戀愛的目的是要對一個人打造人類的親密關係。不管怎麼說，人不是在廟裡修行，而是跟一個人「戀愛」。或者，兩者竟是同一回事？因理解而接納一個人，與把一個人當作自己投射的載體，這兩者之間的差別極為巨大，但對我們來說，要明白這個差別竟然那麼困難。

無論在崔斯坦的誓言中，或他對自己婚姻的否定中，我們都看到了戀愛的一個基本缺陷：一廂情願，嘗試重新找回對神、對內在世界、對神祕現象，以及對神的愛的體驗，藉此平衡我們西方心靈的片面性。但猶如一切為平衡所做的集體嘗試，結果反而是一面倒地傾向於對立面，擁抱對立面，理想化神的世界及狂喜的世界，卻不為尋常的人性留下任何空間。尋常的人生，連同其義務、關係、承諾、責任、限制，以及以一般人類為核心，就我們愛情至上的偏見來看，全都太俗氣，太枯燥，太缺乏品味。

崔斯坦的婚姻，象徵他的本能不由自主地擁抱人類生活及人類的連結。他的本能大聲呼喊，要求和一個尋常的世間女子一起過實際的、有形的、有愛相伴的日子。霍伊爾王要把女兒嫁給他。崔斯坦答道：「陛下，我願意。」那是出於本能反應和求生意志。她不是他的靈魂，她不完美，不是來自天上的天人。但她自有其人間的美，她有愛心，認同接納他，她有血有肉。她不是那個他幻想中的真命天女。

崔斯坦雖然在形式上娶了玉手伊索德，實際上卻否定了她。當他拒絕和她圓房，那表示他心中還懷著一種激情的幻覺，一種只

能在內心感受得到的幻象，拒絕和凡人有人類的親密關係。愛情至上，對多數現代婚姻及親密關係的影響也是如此。我們形式上結了婚，我們行禮如儀，但內心卻不曾做出保證。多數的親密關係都是暫時性質，雙方私底下都在裡面寫下了免責條款，為自己保留了權利，一旦激情的幻覺又起，投射到了別人身上，對這個實質的人的承諾便可以說破就破。

如此這般，神話預言了我們的文化，如此這般，我們視之為家常便飯。人們把婚姻當成一個形式，實際上卻予以否定。他們拒絕對一個人做出真正的承諾，因為，他們只對自己內在的幻覺、內心的理想做出承諾，追求的只是阿尼瑪與阿尼姆斯的完美意象，是神的愛。之所以如此，關鍵在於他們不了解這是內在的功課，在他們想像中，自己應該保持選項的開放，應該保留自己追隨內在理想投射的權利。身在戀愛的迷霧之中，我們以為這一切都非常高尚，非常「開放」，殊不知那是對現實的誤解，是我們自以為是的人類的開放平等，是我們拒絕對玉手伊索德信守承諾的藉口。

可悲的是，崔斯坦擁有一個接納他的人，活在濃濃的人情溫暖之中，他卻拒人於千里之外，不懂得享用，也不知感恩。奇怪的是，他什麼都不必做：只要睜開眼睛，看清楚周遭的豐盛，生活就行了。但戀愛的理想主義迷霧，對人類世界的鄙視，卻使他與自己所渴望的愛一刀兩斷。他拒絕了玉手伊索德，也就重續了自己與死亡的約定。

在現代西方人的生活中，這種模式的戀愛不斷重演。在親密關係或婚姻中，男人隱隱覺得不滿意：生活沒有意義，要不就是懷念過去的那份狂喜及「愛情」。他不明白，他之渴望神的愛及阿尼瑪

的內在體驗乃是自己的責任，卻去挑女人的毛病，怪她沒能夠讓他快樂，怪她不夠好，怪她沒有滿足他的夢想。儘管她竭盡一個塵世女人所能給了他一切，他卻否定她，轉而尋找金髮伊索德。他總是一廂情願設想，某個地方，在某個女人身上或某個奇遇中，他將會找到金髮伊索德，能夠實質上擁有她，在那兒找到意義及充實。因此，我們鄙視人類的愛，因此我們否定玉手伊索德，重演「唯有一愛」的集體誓言。

玉手伊索德所象徵的人類愛，迥異於我們所謂的「戀愛」。就一個男人來說，以人的方式去愛一個塵世女子，意味把愛導向一個凡人，而不是導向他自己所投射出去的理想形象。這對他來說，是理解接納一個真實的人，看重她，認同她，肯定她的價值及她**本然的神聖性**，肯定她的整個人，包括她的陰暗面、她的不完美，以及她之所以是一個尋常凡人的一切。「戀愛」則不同。戀愛不是導向一個女人，而是導向阿尼瑪，一個男人的理想，包括他的夢，他的幻想，他的希望和期待，以及他所渴望並強加於外在女人身上的那個內在存有。

這充分說明了崔斯坦與金髮伊索德之間的愛是標準的自我中心。崔斯坦要伊索德受苦，和他一同不快樂，因為，他真正愛的，不是塵世女子伊索德，而是他自己！他關心的是**他**在她身上的投射，是**他的**激情──他將這份激情歸咎於情藥，但卻又丟不下這份激情，不辭長途跋涉回去找伊索德。

同樣地，伊索德關心的似乎也不是崔斯坦快樂或幸福與否。她關心的是他是否把她擺在第一位，是否只對她忠誠，是否會同她繼續下去，帶她去到「魔幻花園」。兩個人所關心的，都不是對方

的快樂或幸福，而是重續他們自己的激情，登臨魔幻之境，彼此利用，以維持轟轟烈烈的大戲繼續演下去。最後，末了，他們唯一關心的是，利用彼此都要徹底掙脫的平凡塵世，飛往那個神奇的想像世界，那兒有「偉大的歌者永遠歌詠」。他們並非真正彼此相愛。他們把對方當成載體，藉以得到自己所渴望的激情感受。

這就是戀愛，無論我們承認與否。在崔斯坦與伊索德中，彼此利用以製造為愛而愛的激情，其為自我中心顯而易見，其天真，其孩子氣，也再清楚不過。但在這方面，我們自己的情況絕不遜色。我們浪漫的腦袋從來就不曾覺得奇怪，我們所追求的所謂的「愛」，居然都是為了**自己**，為了完成**自己**、為了**自己**的悸動、實現**自己**的夢想、**自己**的幻想、**自己**「需要被愛」、**自己**的完美的愛、**自己**的安全、**自己**的開心。

真正愛一個人，乃是我們對自己所肯定、敬重、佩服的人由衷生出認同，並希望這個人快樂幸福。當愛升起，那一剎那，我們不會想到自己的自我，心裡不會問，這個人能滿足我們什麼樣的夢想，會帶給我們什麼樣別開生面的精采刺激冒險。

崔斯坦應該要結兩次婚。第一次是與自己的靈魂金髮伊索德結婚。這樁婚姻是要進入內心世界，實踐他的信仰，做他內在的功課，與內在世界的諸神一同生活。第二次則是和玉手伊索德結婚。這樁婚姻的目的是要和另一個人類結合，把她當一個人娶她。同時，還要創造其他關係——交新的朋友——把他們當人來接納。

這兩樁婚姻，我們可以理解為人類的兩種內在本性——人與神——的結合。在西方，基督是這兩種結合的本性中倒數第二個象徵，這在基督教道成肉身理論（Christian doctrine of Incarnation）的

象徵中說得非常清楚。它是這樣說的：上帝來到有形世界，作為救贖，於是上帝變成人！此一信念作為一種象徵，其含義至為重大：意味著這個有形的世界，這個有形的身體，以及在此塵世所過的世俗生活也是神聖的；意味著我們的人類同胞有其本然的價值：他們活在世間不是來反映我們那個更完美世界的幻象，或承載我們的阿尼瑪投射，或加入我們搬弄另一個世界的寓言。這個肉身的、世俗的、尋常的世界有其本身的美，有其本身的用處，有其本身要依循的法則。

禪家有言：「塵世即道，道即塵世！」覺悟之道，靈魂之道，不在雲端，不在對這個塵世的否定，而在有限的這個人生，在世俗作息的單純，在我們與尋常人類的關係。道成肉身的象徵盡在於此。

道成肉身告訴我們這兩種本性的矛盾：神的愛與人的愛混合於一個器皿，內含於一個人。道成肉身說，上帝成為人，神的化身，基督，既是完全的神也是完全的人。在此一意象中，反映了每個人的兩種本質，兩種愛都要求我們忠誠，要求我們將兩者加以整合。道成肉身告訴我們，神的世界與人的世界共存於每一個人類；唯有在有意識的整合中讓兩種本質共存，一個人才能成為一個充分覺知的自性。

不論我們如何理解歷史上的道成肉身，我們必須將神化身成為人這個重大的意涵，視為一種象徵，是西方無意識深層的一種原型，是一種心理的實有，從內部影響我們的統一原則，無論我們是否意識到它的存在。總而言之，我們都活在這種二元本性中，有意識或無意識地。

道成肉身象徵整合；情藥象徵混亂。如果我們有意識地接受自己的二元本性，將可得到良好的整合；如果我們不當一回事，得到的就是情藥。西方心理學歷史是這樣的：若我們不再認真看待道成肉身，縱使只是當成象徵性的實有，我們二元本性的事實便會潛入地下。無意識地，神的愛，以及整個神的愛與人類的愛的矛盾，就只好往情藥中找出路。今天的情形就是如此，情藥混在戀愛的高湯裡，正在投射的大鼎中滾滾沸騰。

　　我們都知道，戀愛有一個文化的根源：摩尼教的二元論，十二世紀存在於西歐的異端阿比爾教派（Albigensian）中。根據此一信仰的教條，實有屬神的一半是絕對的善，實有屬人的一邊則是絕對的惡。對阿比爾教派來說，唯一的善，存在於「精神」層面，是在「天堂」才有的。肉身的人類、一般的人類生命、性欲、性愛及這個有形的凡間，都被視為是「惡」，是墮落，是冒煙的黑穴。崔斯坦的戀愛話語就是這種信仰的表達：「記取我的誓言，一生唯有一愛。」阿比爾教派的二元論，基督教的二元論，以及戀愛的理想，全都教導我們，我們只能把自己奉獻給神的愛，凡間的人類不值得我們的愛，我們的愛應該反映自己的理想，反映我們超脫塵世的投射——人類所不能及的、宇宙及神。

　　戀愛的仰慕告訴我們，凡間的俗人根本不夠看，我們要找的是神或女神，是好萊塢的明星，是夢中情人，是美麗的王后，亦即阿尼瑪或阿尼姆斯的化身。男人一旦陷入這種心態，除了阿尼瑪，眼中再無其他，對於女人，他唯一接納的就只有夢中情人金髮伊索德。

　　至於玉手伊索德的遭遇，講的則是崔斯坦錯失機會的故事。崔

斯坦未能抓住機會發現人生的兩種愛：一是對內在的阿尼瑪的愛，一是對有形世界的女人的愛；兩者各有千秋，各有其正當性。但一如我們，崔斯坦如果有第二次機會，他如果不再拒絕玉手伊索德，當可以從她身上明白，人生的意義，除了訴諸內心理想的追求外，也可以在與他生活於卡爾海克斯堡的世間女人身上找到。

痛苦與死亡

我身病痛各異；

令我愉悅；

自得其樂；

我病是我所欲

我痛是我康健！

我不明白我的抱怨所為何來，

因我病之來皆出於自己所願；

我的希望乃是我病的來源，

但我發現希望帶來極大喜樂

所以我欣然受苦，

又因苦痛中充滿愉悅

所以我樂在磨難

　　　　　　——克雷蒂安·德·特魯瓦（Chrétien de Troyes）

　　以上詩句出自史上最偉大的一位吟遊詩人，記錄了早期浪漫文學中最偉大的「戀愛」，完美捕捉到了戀愛與痛苦之間奇妙而又難以捉摸的關聯。痛苦之於戀愛，難分難解，世間戀愛男女無不深悉箇中滋味，我們避之唯恐不及，有的時候，還自以為擺脫掉了，殊不知它總是在某個我們最有信心的地方伺機而動。甚至**激情**一詞的本意就意味著「痛苦」。

　　痛苦之於戀愛，彷彿是我們的祖先設計好的，不同於我們，戀愛之於他們是一種修行。按照他們的教導，我們要在女人或男人身上尋找根本不可能在凡人肉身上落實的完美理想，如此一來，他們判定了我們的命運，從不可能的期望到隨之而來的痛苦絕望，落入

永無止境的循環。

　　但還不止於此，同樣真確的是，我們還無意識地**追求**痛苦！如同崔斯坦，我們彷彿是無意識地脫軌，搞出不可能發生的狀況，跟不可能的人打交道，把不可能實現的期望強加於親密關係。我們追求痛苦，彷彿那是浪漫經驗必要的部分，彷彿沒有痛苦我們便一事無成。我們無意識地樂在其中：「令我愉悅，自得其樂。」若希望不可能實現，帶來的苦痛更甚於狂喜，「但我發現希望帶來極大喜樂，所以我欣然受苦，復因苦痛中充滿愉悅，所以我樂在磨難。」

　　細看這首詩及先人的愛情故事，其中大有學問，它明白揭示了我們所不願意面對的真相。如果我們敞開心靈，學習其中所言，便可以了解在我們內心運作的究竟是什麼樣的力量。所有的愛情文學，從《崔斯坦與伊索德》到《羅密歐與茱麗葉》，全都充滿痛苦與死亡，這絕非偶然。愛情故事的本質彷彿就是，只要是活著，非要面對進退失據、險阻重重、超乎常人的逆境不可。一旦發現兩人的戀情不容於人間塵世，許多典型的戀人，如羅密歐與茱麗葉，便選擇死亡，同赴黃泉。

　　寧願選擇死亡，嚮往另一個世界，棄這世間的不完美如糞土，如此強烈的執著，究竟所為何來？而痛苦強烈吸引我們，縱使已遭火焚多次，仍不惜屢蹈烈焰，這又是為了什麼？思考崔斯坦與伊索德的痛苦與死亡，我們要問的正是這些。

　　新婚之夜，翡翠戒指從崔斯坦手指上滑落，掉在石頭地板上，發出喀答聲響，那一刻成了崔斯坦一生最後的轉捩點。為了要對金髮伊索德所代表的內在理想表示忠誠，他不得不拒絕新婚的妻子。「我可憐我那新婚的妻子，為她的信任為她的單純。看哪，兩個伊

索德都碰上了我這個邪惡的人！我對兩個都不忠！」

　　那一刻，對崔斯坦的一半本性，一扇鐵門關上了。崔斯坦決定拒絕妻子，如此一來，他也放棄了生命本身。從那一刻直到他的最後一日，他都在等候死亡，相信死亡終會將他與他完美的理想、夢想、願景，以及他的靈魂——所有化身為金髮伊索德的一切——結合成為一體。

　　他放棄了與玉手伊索德的塵世之愛，一心只有神的愛，要到王后身上找自己的靈魂。但崔斯坦和伊索德愛的並非彼此的靈魂。到頭來，他們在彼此身上找到的，只是他們希望在墳墓彼端找到的東西：一幅天界受苦的映象。崔斯坦的痛苦是雙重的，因為，他失去了兩個伊索德。他既失去了與妻子共度的塵世生活的歡愉，又不願意和金髮伊索德維持非肉體關係，如此一來，就連和她的關係也喪失了。按照他所要求的方式，他是不可能得到她的。因此，他失去了自己的內在生命，遍尋不著，絕望之餘，唯有訴諸死亡，以及和金髮伊索德的天上相會。

　　其實，我們可以看得出來，死神早就找上門來了。兩個戀人纏綿於高大松樹下，渴望一處可以成全他們好事成雙的地方時，他們就已經在召喚他了。我們聽得出崔斯坦話中的渴望，他講到的「另一個世界」：

　　但有朝一日，親愛的，我們將攜手前往一處幸福國度，從此不再回返。那兒矗立一座白色大理石城堡，千窗萬戶，扇扇亮著燭光；每扇窗前吟遊歌手彈唱無有終曲的旋律……

還有，崔斯坦在馬克王面前裝瘋賣傻，要求把王后給他時，我們又聽到了，他說了他要帶她去的地方：

　　啊，很高很高，在雲與天之間，在明晃晃的房間裡。裡面陽光穿透，但風卻不驚擾分毫。那兒，我要帶王后進到我的水晶房間，玫瑰與晨光交融。

　　哪裡有這麼美的一個地方？又要如何才能抵達呢？崔斯坦心裡想的，無非是黑暗的死亡之旅。當他最後一次與王后訣別時，他和她約定、訂下的是死亡之約。講到未來，他已經透露了自己的心思：「我的死亡近在眼前，你不在我身邊，我將因思念而死。」
　　伊索德的回答則是：

　　「啊，親愛。」她說：「緊緊抱住我，壓碎我們的心，讓我們的靈魂終於得到解脫。那無人回歸之地呀，卻有偉大的歌者永遠歌詠。帶我去吧。」
　　「我會帶你去的，去到那永生女王的常樂殿！時候快到了。當一切結束，我若喚你，你會來嗎，親愛？」

　　終於，當崔斯坦因矛之毒而倒臥，他將翡翠戒指交給卡赫丁，請他帶信給伊索德：「叫她一定要來，因為我們同飲了自己的死亡。」
　　沒錯，他們同飲了自己的死亡，當終點接近，他們所求，別無其他，唯死而已。他們在塵世的絕望，唯有寄望來世的圓滿、美

好與幸福才能夠承受。但這塊有白色大理石城堡和玫瑰紅房間的樂土，這座「永生的殿堂」又是什麼呢？

這一圓滿美好的國度，只能是內心世界。這個世界，我們用直覺感受得到；戀人的話語，我們感同身受；他們的渴望，在我們的靈魂中和弦共振。那是童話故事的國度，是靈魂向諸神祕密求愛的想像世界。但為什麼這個靈魂的內在世界又被拿來象徵死亡？為什麼崔斯坦和伊索德相信，只有通過死亡才能抵達那兒？

打從遠古時代，死亡就被想像為一種「釋放」，脫離有限時空的肉身領域，進入無際無涯的精神及永恆宇宙。這種肉身的「解脫」，對無意識來說，是一種更為微妙的象徵：是自我從其渺小世界及狹隘眼光的侷限中解放出來，進入廣袤無垠的內在心靈宇宙。脫離現實，得到釋放，死亡不是結束，而是象徵深層改變，象徵轉化。

「死亡的國度」是靈魂的內在世界。在無意識深層所感受到的死亡，其最深層的意義就是象徵轉化：自我轉化進入心靈的領域，與靈魂交會結合，放棄其狹小的領域，以整合進入較大宇宙的廣袤。

了解這一點，為我們開展了一幅全新的視野，亦即，我們所要的其實是**轉化**，而非死亡！偉大的愛情故事一再以死亡作為象徵，象徵的正是這一點。價值的衝突、忠誠的混亂，以及愛情的深創鉅痛，這是解方之一。而唯一正確的解方則是意識的改變與價值的改變。

縱使如此，真正的「死亡」到來，等著我們的就是轉化，亦即，自我的死亡。「自我的死亡」指的不是自我的消散或不復存

在，而是自我揚棄了自己的舊世界、舊觀點及根深蒂固的舊心態。當新的價值建立，新的整合成為可能，自我的舊世界秩序隨之瓦解，這一刻，自我形同死亡。

但若自我將這一死亡視為威脅，便會抗拒改變。在戀愛中，我們就是如此；縱使我們明白，唯有改變自己的價值才能體驗愛情的真髓，我們還是備感威脅：仍然死抓著老舊心態，將同樣老舊的要求強加於別人，想要在同一個老舊的層面上實現幻想中的愛情。改變，質疑自己的觀點，改換自己的模式，感覺起來都有如大難臨頭。這就是「自我的死亡」，死亡到來，等著我們的是轉化。

在崔斯坦的時代，人們認真看待象徵，也就是說，他們相信唯有死亡，唯有捨掉這副肉體，才能找回靈魂及精神的世界。但另一方面，他們又比我們聰明：對於自己在愛情中要追求的是什麼，他們比我們更有覺知，也比我們直接。卡薩信徒及吟遊詩人毫不諱言他們在追求轉化，透過熾熱的愛及死亡在追求。之所以是死亡是因為，死亡將他們從肉體的奴役中釋放；之所以是熾熱的愛是因為，在戀愛超越凡俗的高度中，在戀愛的狂喜與痛苦中，他們預見了神的世界。戀愛，對他們來說，是**入門**。在他們看來，在對終極之愛的盼望中，戀愛提升了他們這些神的選民的精神境界，將人生化為灰燼，使之不再成為我們與「無人回歸之地」之間的阻礙。

我們卻不是這樣直接；對於自己所追求的東西，我們是無意識的，但卻繼承了同樣的信念。我們行走人生，渴望轉化，心懷願景，為人生賦予意義與完滿：我們尋找自己的靈魂，尋找神的世界。但我們不懂得如何內在地，從象徵的層面去體驗諸神。我們無意識地，不由自主地，男男女女，有如著魔，縱情尋找，一頭栽入

戀愛，將自己投入一種力量，任其包覆，任其控制。其為狂喜，其為痛苦，其為一種死亡，但最重要的是，其為一個歷程，體驗那種通常要到死後才感受得到的境界：**變形**（transfiguration）。其為死亡與重生：對世界死去，但對一個大於生命的領域活過來。只要情愛常在，投射得以持續，要的就是這種感覺。重要的是，要追求。

崔斯坦相信，有兩條路可以讓他接觸到內在世界，其一，是透過他對金髮伊索德的激情所得到的狂喜與痛苦；其二，則是藉由死亡，藉由離開這個有形世界。我們現代西方人把選項更加簡化了，多數人追尋內在世界，只走一條路——浪漫之愛（romantic passion）。為什麼？

部分原因是我們西方人的二元主義，將人生一分為二：塵世的有形生命，天上的精神生命。卡薩教派及中世紀基督教都教導崔斯坦，塵世是空無，而精神生命只能死後在「天堂」找到。在我們的心智中，這種信念變成無意識的概念，亦即，生命的精神面只存在於「其他某個地方」或「方外之處」。總之，只在某處而不在當下，只在某處而不在我的生命中。我們西方人不相信，身在塵世，追求日常生活，也能夠以一種內在的感受體驗諸神及精神生活。兩個世界，內在的與外在的，能夠同時共存於一個人身上，對我們來說實在難以想像。我們總是把神的世界具體化到某些事情上或外在的某個人身上，原因在此。

我們之所以會到戀愛中尋找自己的內在世界，另一個原因則是西方人並不相信內在世界這回事；正因為如此，我們與自己內在未曾經歷過的面向的任何互動都是無意識的，不得不向外投射到實質世界。非實質的內在世界，對西方人來說，是一個難以理解的概

念。我們談論內在的真實，談論「靈魂」，談論「精神」，但我們並不真正相信這回事。多少個世紀以來，由於我們的文化愈加傾向於唯實及唯物主義，我們中斷了與內在生命及其象徵的接觸。在這方面，我們還真的是在退化。

在崔斯坦的時代，多數人都認為「靈魂」及「精神」是準物質的實體，只是比肉身稍微精緻一些而已，存在於物質的肉體中或某一個「地方」——「幽冥」或「天堂」。在他們看來，天堂是一個具體的地方，而不只是一種存有狀態，總以為天堂就座落在這個物質宇宙之中，千百年來莫不如此。

甚至崔斯坦之後好幾個世紀，在伽利略時代，由於多數人都還深信神的世界就在天上的星宿之間，天文學家這個行業因此十分危險，伽利略就被貼上了異端的標籤，只因為他用望遠鏡觀察天象，牴觸了此一觀念。

直到我們現在所處的時代，也沒進步多少。我們的信仰是戀愛：我們把神的世界搬到了肉體的人的身上，亦即那個我們愛上的人的身上。而且，任何心理學家（用他的望遠鏡做諮商之後）如果告訴我們神的世界根本不可能在戀愛中找到，還會激怒人們，縱使不被貼上異端的標籤，也要落得一個不解風情的罵名。

現在，我們已經發現了破解「痛苦與死亡」的密碼。我們總算了解，我們在愛情中追求的「死亡」其實是轉化，是舊世界的終結，是那一把投身其中讓我們死去又活來的烈火。為戀愛而受苦並無異於為神祕主義與信仰受苦：戀愛的痛苦，乃是塵世間所有要在一己人生中、在這副肉身中、在其有限的方寸中孕育神的世界的凡人所共有。

不可能的愛情，這樣的故事竟能讓我們如此著迷，為什麼？因為，我們渴望**燃燒**，渴望**覺知**自己心底燃燒的那一把火究竟是什麼。痛苦與理解密切相關；死亡與自覺沆瀣一氣；歐洲的浪漫主義可以比擬成一個男人，對他來說，痛苦，特別是情愛的痛苦，是一種特有的理解模式。

　　　　──德・魯日蒙（de Rougemont），《愛情之於西方世界》
　　　　　　　　　　　　（*Love in the Western World*，頁 91-92）

　　痛苦，是通往意識必經的途徑，是追求轉化必須付出的代價。我們無可逃避；逃，也屬徒然；還得蒙受雙重損失，既付出了代價又得不到轉化。其間有一無可改變的重大法則：唯有有意識且出於自願地接受痛苦，轉化才會發生；想要逃避，只會讓我們陷入業的輪迴，無止境地重蹈覆轍，一事無成。

　　我們之所以受苦，在於此，受苦之所以出於無意識，也在於此：「因為，我們渴望燃燒，渴望覺知自己心底燃燒的那一把火究竟是什麼。」

　　話又說回來，在如何接受痛苦上，我們是有選擇的自由。多數人受苦都是無意識的。正因為如此，儘管飽受苦楚，看起來卻是白搭，往往無有所得，徒然痛苦而已；愛情看起來往往只是無意義的輪迴，關鍵在此：我們戀愛，我們構築自己完美的理想，到頭來，落得痛苦絕望。我們受苦。我們跟著自己的投射打轉，總是在追求一個符合自己不可能的理想的人，指望奇蹟似地得到轉化。當我們在一個人身上找不到神的世界，我們痛苦，陷入絕望。

　　但我們的受苦若是出於有意識，出於自願，那麼，自有回報，

轉化自在其中。有意識地受苦，指的是歷經「自我的死亡」，自願收回自己的投射，不再到配偶身上尋找「神的世界」，而是到自己內在的生命中尋找，亦即採取一種心理的及信仰的行為，這意味自己承擔起責任，去發現自己的完整、自己的無意識的可能。換句話說，就是要質疑自己的舊有模式——願意加以改變。這中間，有衝突，有自我質疑，有欺騙的揭露，而所有這些，都是自己寧願不要面對的，其痛苦與艱難，自不在話下。

但痛苦會引導我們達成完整，將情愛提升，登上進入神的世界的道路。我們將發現，無須肉體死亡就能找到那個世界，但象徵性的死亡仍不可免：我們的痛苦即是象徵性的死亡。

最後，真相大白，即使是以血肉之軀活在塵世之中，我們照樣可以活在神的世界。因為，每個人內在深處自有「一座白色大理石城堡，千窗萬戶，扇扇亮著燭光；每扇窗前吟遊歌手彈唱無有終曲的旋律；那兒日照不至，但無有遺憾：那兒是今生的樂土。」要找到這座神奇的宮殿，無須訴諸別人，也無須訴諸死亡，只要反求諸己即可。

只要我們正確活出這個死亡——儘管聽起來矛盾十足——引領我們走向嶄新生命的旅程就此展開。死亡經此揭露，竟是生命的另一張面孔。等在愛情核心的「死亡」不是生命的毀滅，而是內在世界的綻放。

伊索德─瑪雅：
幻象之舞

從好的一面看，戀愛是通往雙重啟示的大道：它引領我們超越西方心智的現實主義及物質主義、面對象徵的生活，讓我們得以領會人類之愛的意義。從不好的一面看，戀愛成為一種幻象的輪迴，浪費了我們的人生，扭曲了愛，而非有助於愛。

　　戀愛這種正負兩面的特性——正確地愛，有益於我們，若否，則有害——反映了阿尼瑪的兩面性：她可以是伊索德，內在世界的王后，引導我們進入自己最深層的自性；她也可以是瑪雅（Maya），幻象女神。她的角色之一，有益於人生，為人生賦予意義；但她的另一副面孔卻十分可怕——尋常人生落到她的手裡，非撕成碎片絕不罷休，她哄騙我們脫離現實，將我們對愛的欲求轉變成為一場無有休止的幻象之舞。我們已經領教過崔斯坦與伊索德的阿尼瑪之舞，其舞步我們也都瞭若指掌了。

　　現在是時候了，回顧一下榮格對伊索德兩副面孔的說法：

　　投射的收回使阿尼瑪回復原形，亦即一個原型的意象，在其應有的位置，其功能在於服務個體的利益。處於自我與世界之間時，她有如一個不斷變化的沙克蒂（Shakti），編織瑪雅的面紗，舞出存在的幻象之舞。但若處於自我與無意識之間，阿尼瑪就變成諸神與半神的形象，從異教的女神到聖母，從聖杯的信使到聖徒

　　　　　　　　　　　　　　　　　　——榮格《移情心理學》

　　　　　　　　　　　　（*Psychology of the Transference,* par.504）

　　阿尼瑪位於自我與無意識之間時，靈魂向神敞開，讓我可能擁有精神生活。阿尼瑪進入我的人我關係時，便將他們變成幻象，施

展瑪雅的魔法。

在印度神話中，瑪雅為一女神，舞幻象之舞，編織輕柔纖細的面紗，懸於人性與現實之間，扭曲我們對真實的看法。常有人說，瑜珈修行的目的就是要「透過瑪雅的面紗觀看」。

在我們的神話接近尾聲時，這張面紗滑落到了崔斯坦的眼睛。瑪雅對他施了魔法。伊索德已經不再影響他，但瑪雅卻蠱惑他，沉迷於一個不醒的夢中。他雙腳不踏實，他嘆息，他渴望，他往返徘徊於卡爾海克斯與康瓦爾之間，神志不清，幾近瘋癲。任何東西都打動不了他，任何事情都吸引不了他，心裡別無其他，唯獨伊索德的影像盤據。她的影像控制了他，但卻無益於人生，唯有虛無而已。他迷失於幻想之中，既沒有使他更接近內在世界，也切斷了他與外在世界——朋友、妻子、塵世生活——的聯繫。在餘下來的日子裡，他漂泊於瑪雅的夢境，萬事皆休，惶惶然起舞，舞那曲來自無有之鄉，只有他自己聽得到的音樂。

瑪雅是幻象，是現實的扭曲，是現實的失落。故事告訴我們，戀愛就是活在幻象之中；男人一旦明白自己所愛的女人既無法也不能解決自己的問題，自己再怎麼努力，於人生的幸福也是徒然，便會從幻覺中清醒。他的妻子若明白他並不是那個自己想要嫁的男人——更糟的是，一如其他男人，他既無情趣又不體貼——也會從幻覺中醒過來。以前，她看到的不是那個男子；她看到的是幻象。但話又說回來，這些幻象又是打從哪來的？

一如有些基督徒，許多印度教徒相信，我們周遭的有形世界乃是幻象世界，唯有精神世界是真實的。只不過多數西方人卻相信，內在的精神世界是幻象，唯有有形世界才是真實。但幻象既不是心

靈的內在世界也不是外在的有形世界，幻象是內在與外在之間一種扭曲的關係。幻象之生，起於我們將自己內在世界的意象——亦即我們不斷累積的想像——強加於外在世界及生活於其中的人。通過我們自己內在意象的放映，我們所看到的有形世界變得多采多姿，但也為之扭曲。因此，正如聖保祿（Saint Paul）所言：「如今，我們透過鏡子觀看，模糊不清。」

有形世界真切實在；內在世界同樣真切實在。只有我們將兩者相混，不把內在世界當作象徵，而想要放到真實的人身上時，幻象世界就此產生。幻象世界是投射所產生的世界，不僅扭曲內在也扭曲外在，使我們看不清兩者的本質。

當一個男人想像自己感受到了極大的平安及圓滿時，必須明白一點：他的想像是他在自己內心所成就的一種狀態。但一般來說，他往往是把自己的樂園意象投射到一個女人身上，無意識地要求她將之化為具體，變成真實，拱手送來給他。也就是在那一刻，他製造了幻象；他「透過鏡子觀看，模糊不清」。在他的眼裡，他外在的妻子已經不再是她本人，他也不明白，那其實只是他內心的願景，而非真正的她。於是，兩個世界攪成了一團，兩個世界都失去信度。

阿尼瑪變成了瑪雅，問題不是出在阿尼瑪，而是男人對待她的心態。我們曾經談到，我們稱之為阿尼瑪的，其實是男人的靈魂。靈魂可不是什麼無可名狀的感性概念，創造用來寫情書的。靈魂是我特有的部分，具有特定的功能，是一種心理機制，在人之所以為人的心身奇妙組合中扮演至關緊要的角色。

靈魂之於人類，有其特定的作用，就某種意義來說，是要使人

　　　　　　　　　　　戀愛中的人：榮格觀點的愛情心理學

理解天地的不同面向，體驗生命與視野的遼闊寬廣。靈魂的作用有其功能及本質的限制，亦即只能引導我們追求無限。如果我們將靈魂置入有限的狀態，它仍然會引導我們追求無限；如果我們將靈魂置入個人的狀態，它仍然會拉著我們追求非個人及超個人的狀態。伊索德之所以變成瑪雅，關鍵在此——這可不是靈魂故意搗蛋，而是因為靈魂太善良，太執著，非要把我們拉向它的存在面向，亦即與無限共振的一面。

當男人將自己的靈魂投注到自己的個人狀況時，她會堅持她該做的事：將個人狀態拉向原型。她會將他的有限狀況「無限化」，將之轉變成為一個冠冕堂皇的原型主題、永恆的問題、神聖的追求及理想。男人把自己的靈魂都投注到各種有限的人類狀況上時，我們會說他「吹噓過頭」，或「小題大作」，或「大驚小怪」。用俗話來說，就是「自我膨脹」——一種有限狀況的膨脹，因為，男人把自己的靈魂都用上了，而靈魂呢，按照她一貫的風格，就把它無限化。如此一來，伊索德變成了瑪雅，阿尼瑪一不小心就變成了幻象的製造者。

阿尼瑪的本質就是在製造人生的幻想面。當我們有意識地從象徵層面感受到她的幻想時，她所製造的是一個莊嚴的世界，是一個永恆宇宙的遠景，令我們興起，超越個人的生命格局，與天地不朽交流。於是，我們看待自己及自己的人生有了不同的角度，在自己心目中，我們活在時間巨流中，我們的人生乃是過往與未來的個人體現。

靈魂是人生命的一部分，不時提醒我們，儘管每個人都庸庸碌碌，俗務瑣事纏身，我們卻要跳脫，要超越，要追求人生的中心理

念。靈魂嚮往的是神,有如向日葵朝向陽光;在靈魂的眼中,只有原型、內在的神、個人存在背後的中心理念。所以阿尼瑪強力作用於一個人的人生:阿尼瑪對於一個人的日常生活及嗜好,諸如銀行帳戶是否平衡,人際關係是否暢通,草地是否修剪等,絲毫不放在心上。在她眼中,唯有宇宙的那本帳,天上的那把秤,事關我的內在完滿才是重要的。她的價值不是人類的價值,而是宇宙的價值;她唯一關心的是:人類存在的每一個重大主題都與我個人的存在息息相關,我是否都追求、經歷過。

每個男人的靈魂都要求自己,要在集體無意識中扮演並履行自己的原型角色:背叛者與被背叛者、愛人者與被愛者、壓迫者與受害者、高貴者與鄙俗者、征服者與被征服者、戰士與教士、悔恨者與重生者。

當男人想要讓自己的靈魂在有限的婚姻中與一個女人共度,靈魂會自我膨脹,扭曲他的妻子及婚姻。不把他的關係拉向無限,靈魂絕不罷休,靈魂將之弄成一則愛情、死亡與失樂園的諷諭,要把這樁婚姻轉變成一齣轟轟烈烈的原型大戲。這場戲不斷在他內心上演,但無論如何,全是幻想。如果他沉得住氣,將之視為象徵、當成象徵加以領會,便可以和靈魂和平相處,在內心生活跟隨靈魂追求無限,但在自己與妻子的關係上則守在有限的範圍內。

在自己的夢境工作裡,在自己的積極想像中,在自己的沉思默想中,跟隨自己的靈魂,他大可以遨遊亞瑟王的卡美洛,與眾騎士縱馬刺槍;大可以追尋聖杯,與惡龍及摩哈特戰鬥,英雄救美,療傷治病,為自己的創傷尋找良藥;他背叛,被出賣;他犯罪,他懺悔;他復仇。他經歷集體無意識中的各種原型,但都是象徵形式。

他守住象徵所蘊含的無限——有如容器將之包覆其中，使之不致毀掉自己的個人生活。

男人若是跟隨自己的靈魂，在想像與夢境中展開一趟追求無限的象徵之旅，自會尋路返回有限世界，發現家庭、妻子、人際關係一切不變，照樣可以處理有限世界的問題及日常生活。儘管不滿意自己的內在特質，或靈魂要他去跟自己的內在惡性抗爭，他可以懂得不怪罪妻子。他會明白自己的幻想是自己的內在事件，要在內在層面上處理。

男人若是把阿尼瑪放進婚姻，那就是把幻想放進了婚姻，將之變成原型的連續劇，變成無意識操控一切的片場。他的妻子若不配合演出，漸漸就會明白，自己與其說是妻子，還不如說是舞台劇中的配角而已：一場永遠在她丈夫內在世界上演的宇宙大戲。

在親密關係上，阿尼瑪的功能的確無關於理解接納。若說阿尼瑪有助於人的關係，那才真是奇怪。說到她的古典形象，一律都是非人或半人，她的影響力總是牽引著我們脫離個體的人類狀況。她鬧情緒，搞扭曲，製造幻象，若說她有助於人的理解接納，只有跟著她的情緒和想像走才有可能。只要我們想要「理解接納」，阿尼瑪就會拂袖而去！說到發展人與人之間的正當感情，障礙之大莫過於阿尼瑪……

喬治和瑪麗的理解接納的關鍵在於喬治與瑪麗各自的本性。他們的理解接納反映了他們的感情生活，對他們來說，他們的關係無可取代。如果他們的關係是由阿尼瑪決定，則其反映的便不是他們，而是在他們中間作祟的原型幻想。如此一來，他們成為集體演

員，演出一場無意識的幻想，亦即愛人、冤家、同夥……

……人的感情，她不會涉入而是脫離。說到她與意識及無意識的關係，她阻斷意識感情，將之無意識化，將人非人化。她心裡所想的其他事情，而不是人的世界。

——希爾曼（Hillman），《阿尼瑪》（*Anima*，頁 111-112）

男人一旦「戀愛」，也就脫離了愛的本身，開始崇拜起他的靈魂女人來。阿尼瑪立刻會把他的人類關係搞得不成人形。愛，不再只是愛，而是一種天上的狂喜；每見所愛之人，帶來的不是平靜的喜樂，而是欣喜若狂，是那種天上才有的幸福。但接下來，當靈魂的眼光落到了原型否定的一面，每有情緒一來就是一場戰鬥或決裂，每遇冷落就是徹底的背叛，每瞥見男人或女人都成了生氣及嫉妒的理由，也就是說每件尋常小事都成了天大的大事。阿尼瑪別的不會，只會帶人脫離有限的日常，置身千古的劇碼。

令人不解的是，正是這一點，男人覺得最特殊，又最個人化，彷彿天底下就只有他和他的愛人才碰得到這種事情。事實上，也正是在這一點上，他**失去了**自己的個體性。說到戀愛中的人，兩人根本就失去了自己的個體認同；他們成了崔斯坦與伊索德，或羅密歐與茱麗葉——亦即在一場集體戲劇中演出，劇本早已定稿，場景也已預知。之所以如此，關鍵在於當事人已經停止做自己，變成了一個演員，演一齣千古的老戲，還覺得無比強烈、無比脫俗，而且一開始時無比美好。

但如同希臘神話中的瑟梅勒（Semele），要求宙斯在她面前展現天神的全能威力，唯一下場就是天火焚身——象徵人的關係「化

為灰燼」——他們一旦以非人的身分現身，阿尼瑪與阿尼姆斯的投射中就具有神性。人們常說，一場戀愛下來，他們化為灰燼，形容得還真是淋漓盡致。戀愛的強大張力令他們身心耗竭，狂喜與爭執，分手與和好，到頭來一無所剩——沒了生命力，沒了友誼，也沒了情感——而凡人的愛與陪伴所靠的正是這些。

這也難怪，許多發現自己困在幻象之舞中的人無不心懷怨恨。他們總算明白，戀愛實在累人，一場騙局，毫無意義，從此棄愛絕情。但若要從這支舞中脫身，辦法還是有的。重要的是認清一個事實：這一切都是幻象在作祟。我們若認真找出隱藏的真相，事情便會回到原點，我們將發現自己和崔斯坦、伊索德及情藥重回船上的現場，再一次發問：神聖的光輝降臨到我們身上，為什麼不是透過信仰生活，而是經由我們的愛情、投射及幻象。答案令人震驚：因為我們沒有信仰生活，而神又非要找到我們不可，甚至不惜設下陷阱。我們有教堂，有信條，有理論，有觀點，有團體和聚會，但就是沒有信仰生活，因為我們忽略了自己的靈魂，亦即內在的生命。

崔斯坦就是我們的寫照。崔斯坦從未有意識地跟隨金髮伊索德追求精神生活；他從未自發地留意自己的靈魂。但他的靈魂卻在找他，用的是情藥，然後是幻象之舞，儘管不是出於他自己本意。同樣地，我們也忽略了自己的靈魂。對於自己的靈魂，我們從不曾有意識地自發尋找我們的靈魂和諸神，但靈魂找到了我們，透過我們的投射——我們的幻象——套住我們。男人一旦喝下情藥，眼中所見的伊索德就不再是伊索德而是瑪雅；不知不覺中，亦步亦趨，隨之翩翩起舞。

男人若要走出幻象，將戀愛的幻象予以排除，光是痛下決心

放棄投射仍不足以成事，還需要意志直接採取行動；只有在另一個生命層面為阿尼瑪明確準備一個位置，才有可能把她請出自己的婚姻、感情及個人生活。

西方男人所需要的內在行動就是，承認自己的信仰本能。這也就是說，嚴肅承認所有來自夢境、幻想及想像的意象及感覺都源自於神聖領域，是實有的另一個層面，有別於他的肉體及個人生命，但卻同樣真實，同樣重要。所有這些意象，他必須發自內心地嚴肅看待，花時間與之相處，視為自己內在極端重要的力量，是靈魂以象徵形式向他傳達的精神領域成分。

若要在這方面下功夫，可以透過傳統的宗教修行、冥思觀想、瑜珈、幻想及夢境工作，或榮格的積極想像（active imagination），即使如此，仍有賴於日日屬行內在的修持及正向的靈魂生活。

男人若能做到這一點，便會漸漸明白內在與外在的區別，明白什麼事是需要象徵地活出來，什麼事又是要具體實踐的。他投射，但他明白該如何投射，不至於被自己的投射所控制、所主宰。他受苦，但痛苦是有所得的：是演化與改變，而非徒勞的反覆之舞。最後，他的靈魂，終於得以在她的本質——象徵——之中落實並無限化，漸漸疏遠他個人的有限生活，她沒有必要誇大他的人類愛、親密關係或婚姻來撩撥他。

這是一個願意付出代價的男人最後會得到的差別、進化及覺悟。對他來說，幻象之舞無聲消失，曾經遭到蒙蔽的象徵浮現，瑪雅取下了面紗，他的視野清楚了。他終於明白，凡人之軀也擁有不死的靈魂。

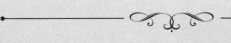

結 論

白野牛女神

崔斯坦與伊索德的故事之所以偉大，在於言之有物，敘事分明，把我們今天的情況，無論是一個文化或個體，都說得清清楚楚。有如一面忠實的鏡子，反映了我們的心態和行為，顯示了於我們內在運作的心理力量。

但就某種意義上來說，這則神話也把我們丟入一個困局，它告訴我們實情，卻沒有告訴我們該如何應對。

神話使我們能夠認清自己，同樣地，神話與夢境往往也為我們提供問題的處方。現在，我們就來看看另外兩則神話，似乎可以解開這個兩難局面。

第一則是奧格拉拉·蘇族（Oglala Sioux nation）的神話，敘述者是大巫醫黑麋鹿（Black Elk），講的是白野牛女神（White Bison Spirit Woman）的故事，敘述的是女神為奧格拉拉·蘇族人帶來了第一支聖藥桿。

很久很久以前，他們說，有兩個巡邏被派出去尋找野牛。他們來到一座高山頂上，向北望去，看到有什麼東西遠遠地過來，等它靠近了些，他們驚呼出來：「是一個女人！」沒錯，的確是。其中一個愚蠢的巡邏員，起了不好的念頭，並說了出來。但另一個說：「那是女神；快別有不好的念頭。」

等她走得更近了，但見她一身白色鹿皮，長髮飄逸，非常年輕，非常美麗。她明白他們的心思，用一種宛如歌唱的聲音說道：「你們不認識我，但你們如果想做心裡所想的事，過來就是。」於是，愚笨的那個去了。才到她的面前，一團白霧升起籠罩了他們。接著，美麗的年輕女子出來，當霧氣消散，愚蠢男子已成一堆骨

骸，爬滿蛆蟲。

女子對另一個不笨的巡邏說：「回去告訴你的族人，我馬上過去，要他們在部落中央為我搭一座大帳篷。」男子嚇得要命，十分害怕，趕緊跑去告訴族人，族人聽了馬上照做，圍繞著大帳篷等待女神。沒有多久，她出現了，非常美麗，吟唱而行，進入帳篷，如此唱著：

氣息可見我行走。
傳音揚聲我行走，
狀若神人我行走。
蹤跡可見我行走，
狀若神人我行走。

隨著吟唱，她口中升起白霧，氣息芬芳。只見她將一物交給酋長，是一根桿子，一邊雕的是一隻野牛幼犢，象徵負載並餵養我們的大地，桿子上懸著十二支鷹羽，象徵天空與十二個月亮，所有這些用一根永不會折斷的草繫著。「注意了！」她說：「有了它，你們將會人口興旺，族運昌隆，它只會帶來好事。唯有好人的手可以守護它，壞人連見一眼都不行。」言畢，她又吟唱起來，走出帳篷；族人目送她離開，突然間，只見一隻白色野牛飛奔而去，噴著鼻息，轉眼不見。

這是他們告訴我的，是否真有其事，我不知道；但你們若相信，便可明白一切都是真的。

——黑麋鹿，於奈哈特（Neihart），

　　這裡，以神話語言描述，我們想要說的盡在其中。這裡，以聰明的巡邏和愚笨的巡邏做對比，我們看到男人對待阿尼瑪的兩種心態，結果截然不同。我們無法逃避她，因為，我們是在獵場上，過我們的尋常生活，不期待會有「另一個世界」的訪客，而她就這樣出現了。但如何對待她，卻成就了是福抑或是禍的差別。

　　阿尼瑪是有神性的女人。無論是出於有意或無意，以神聖的存有對待她，結果大不相同。這個我們投射的內在陰性，一如白野牛女，是「精神女人」（Spirit Woman），是另一個世界的存有。如果我們如聰明的巡邏，說：「那是女神，快別有不好的念頭！」以神聖的存有待她，她便帶來藥桿，帶來天空和十二個月亮，為我們帶來認識另一個世界的智慧。

　　如果我們和那個愚笨的巡邏一樣，將她當成一個物質存有，把她投射到一個外在世界的人身上，也就無法善用她的神聖，失去了接受她餽贈的機會。阿尼瑪可怕之處在於她隨便我們用什麼方式對待她──愚笨的或聰明的。她說：「你們不認識我，但你們如果想做心裡所想的事，過來就是。」但代價卻非常巨大！我們對待她，若不是視之為神性的存有，或內在世界的精神實體，失去的不僅是另外一個世界，連我們塵世的人類生活也將毀滅。傻瓜巡邏在她腳前的地上變成了一堆蛆蟲啃食的骨骸，說的就是這種情形。

　　對於阿尼瑪，我們若待之以內在的神聖存有，那福氣可大了！她帶給我們的禮物是神聖世界，在我們生活中失而復得的神聖。

　　人生在世，我們耗費極多的生命渴望追求──渴望追求自己所

不明白的東西。許多所謂的「目標」，許多我們以為自己想要的，其實都是面具，把我們的真正欲求，亦即我們所企求的實際價值與品質都遮掩了起來。價值與品質是抽象的，是象徵，是無法轉換成為有形或物質的東西，甚至不能轉換成為一個實體的人；它們是心理品質：愛、真實、誠實、忠誠、決心，是某些我們覺得重要、可貴及值得獻身的東西。我們想要把這些轉換成有形的東西——房子、車子、更好的工作或一個人——那是做不到的。我們不了解神聖，卻去追求神性，無異緣木求魚。神性是無法轉換成任何別的東西的。

就某種意義來說，神性是一種知覺——但卻是一種生命非常核心的知覺，一種辨識的知覺，旨在認知足以賦我們渺小生命予意義的偉大與崇高，為我們的個人生涯帶來更明智的觀點。神性是一種知所敬畏的知覺。所謂的神聖，究其終極，乃是一個意義範疇，以此評估我們個人所下的功夫及個人的生活，看它們是否也有意義。

對男性心靈來說，神性的發現，以及與神性的溝通，一定都是透過內在陰性。白野牛女的出現帶來生命中的神性，帶來天空及十二個月亮。

　　氣息可見我行走。
　　傳音揚聲我行走，
　　狀若神人我行走。
　　蹤跡可見我行走，
　　狀若神人我行走。

有如大江之收納內在生命的所有溪流，我們憑本能就知道，「神聖」的一切價值匯聚於阿尼瑪，並透過她使我們的內心得以覺察。正如榮格所說，「所有的神與半神，從異教的女神到聖母，從聖杯的信使到聖徒，她是一切的源頭。」

　　對於生命的神聖面，我們似乎從未直接或有意識地追尋。一如那兩個尋找獵物的巡邏，我們梭巡自己既有的獵場，找的無非是一些常見的及熟悉的東西。突然間，我們碰到了對自己一無所知的那一部分。她遠遠走來，一身白鹿皮毛，說話有如歌唱。剛開始，我們困惑：她一副女人的樣子，我們一廂情願以為，可以把她當成一個女人對待。若說她不是有血有肉的女人，實在很難相信，但卻有一股強大的形而上力量使我們不敢將她視為有形的女人，與她接觸。

　　如此這般，神性在我們面前出現；如此這般，神性成為一個「人」，對我們說話，其聲可聞。這就是阿尼瑪。

　　若非如此，神性之於我們，只是模糊的感覺，是「生命的另一面向」，是「我自己的另一面向」，從不曾接觸，也一無所知；它顯現為夢中我們渴望已久的奇遇，或可望而不可及的重大勝利，或走道中驚鴻一瞥的俊男美女，或我們心中的童話王國。總之，沒有緣由、未經思考，我們的感覺就把我們拉向自己的另一面向，其中的每個意象都散發承諾的信息，包括特別的意義、體驗，或完滿感。

　　所有這一切，匯聚於一內在的存有；對兩個尋找獵物的巡邏來說，白野牛女，一個陌生人，來自一個更大的世界，遠遠超出自我對「本體」（reality）之所見、所言及所想。她的「本體」大得太

多，充滿潛能，可以擴充我們的生命，為生命賦予意義，所以無意識對我們說：「這是神聖的，你必須以神聖待之。」

白野牛女這樣吟唱：「氣息可見我行走。傳音揚聲我行走。」

氣息作為生命與精神的象徵，古已有之。對古人來說，氣是神的物質，造物主造好我們，吹氣進我們鼻孔，靠著這一絲神聖能量：生命的氣息，血肉之軀在這世間借來一巴掌寬的時間。白野牛女行走時，吐氣「可見」，她使我們稱之為生命的「精神」面向顯現可見，使不可見的成為可見的。

對白野牛女，我們若待之有如自己的靈魂，她便具有力量，使「神聖」成為一種可以當下直接意識到的體驗。「蹤跡可見我行走。」她說。她不是實質的形體；她是心靈，是種氣息，其輕如風，但她的蹤跡卻可見。她是實有，是力量，是象徵神聖世界的根本。她使神聖擺脫了理論、抽象、感性及比喻的層面，使神聖當下可得，可以接觸，可以感受，可以體驗，彷彿實質的形體。透過象徵體驗，精神世界是當下可以感受到的。

因此，她帶給我們力量，產生心理上的信仰：

……信仰起源於心靈，心靈所信其實就是靈魂現實。基本上，心靈即意象，意象即心靈，其為信，表現出來就是對意象的信仰……心理上的信仰始於**對意象的愛**，其主要來源是夢想、幻想、意想（reflections）及想像，其形象則是人。信仰愈加強化，使人愈加相信內在有一實有存在，其意義之重大超越個人的生命。

心理上的信仰會被反映在自我（ego），而這自我認可該意象，在暗處轉向它……

　　因此，我們可以這樣說，心理上的信仰與精神上的信仰，在最深的層面兩者合一，對於這一點，早期的基督徒知之甚稔：「信是所希望之事的根本，是未見之事的確據。」我們終將發現，透過精神的象徵，使靈魂得以搭上意識心智，我們才能覺察到，我們所祈求的根本、我們所夢想的根本，以及內在生命的根本是這個物質世界所無法拘限的。

　　阿尼瑪——白野牛女——是在向意識心智證明，在有形的世界中，確有無形的實有存在。我們在戀愛中尋求尋找精神領域，到性裡面尋求，在物質擁有及藥物中尋求，到血肉之軀的人身上尋求；但我們遍尋不著。因為，唯有透過靈魂，它才展現。

　　聖藥桿則是接觸「另一個世界」的力量。此一力量之來，端賴**有意識地運用象徵**，因為，唯有透過象徵體驗，我們才與原型世界的諸神一同呼吸，一如自聖藥桿冒出來的輕煙。

　　至於十二支羽毛，代表天空及十二個月亮，藉此我們接收力量，得以理解生命的整體乃是精神與物質結合，神聖與凡俗一體。十二這個數字象徵三與四的結合。我們在前面談過三與四，三象徵有形世界及日常存在中生命的規則、局部及有限。四象徵靈魂的無限領域，將人提升到原型領域的無限及宇宙的完滿。十二將人本性中的這兩個面向結合起來。十二結合天與地，結合「另一個世界」與凡俗世界，結合精神生活與物質生活。十二個門徒圍繞基督，形成一個完美的圓，是基督教的曼陀羅，太陽年的十二個月，以及黃

道十二宮劃分宇宙歲月的演遞，也都是這種象徵。

聖藥桿的另一邊雕刻的是一隻小野牛，旨在告訴我們，若我們有智慧地對待女人，這個塵世與我們的塵世生活也將與神聖結合成為一體。

我們學到最重要的一課，或許是那位聰明的巡邏：神性之所以為神性，不僅在於它屬於內在的世界，也在於我們對它的態度；不僅在於它的本質，也在於人如何與之相對應。重要的是，我們要承認它，接受它的神性，唯其如此，才能感受到它的力量。白野牛女的巨大力量之所以得以展現，完全是因為聰明的巡邏知道她是神，對她表現出她理應得到的尊敬。

阿尼瑪之所以會送出禮物，關鍵在於人，在於一個人的自我懂得睜開眼睛，承認她的神性。如果聰明的巡邏也和愚笨的那個一樣，那麼，地上攤著的就是兩具骨骸，而不是一具；「另一個世界」便永遠不會向族人展現，大帳棚不會矗立在族人中間，也不會有可以召喚雷族（Thunder Nation），尋求其救援的聖藥桿。

就心理上來說，神性取決於兩股能量：其一在於內在世界向自我展現，另一則是自我對原型的內在世界的尊重。唯有自我知所尊重，唯有內心知所敬畏，萬物於我才為「神聖」。

這裡有一事甚為奇妙，說明了人們為什麼總是相信，宇宙的演化是神與人之間的夥伴關係。神性常相左右，比任何血肉之軀都更貼近我們，但只有我們睜開眼睛，心懷敬畏謙卑，它才會發揮力量，以意義及品性充實我們的生命。但另有一事令人難解：真正有力量使事情得以完成，使神聖的得以神聖的，不是別的，而是我們的意識，我們的認知表現。

嚴格說來，我們多數人比較像那個愚笨的巡邏：我們的文化妄自尊大，從小就教導我們，天下無有一事神聖，無有一事值得我們敬畏，生活中的每件事無非就是物質佔有或性行為而已。聰明的巡邏卻明白，他所碰到的事情超出他的經驗，是不能靠自我常用的「百寶箱」處理的。他感覺到了她的神聖，對她恭敬以待。他警告愚笨的巡邏：「那是一個女神，快別有不好的念頭。」

那個聰明人說：「快別有不好的念頭。」指的又是什麼？是什麼使得他們的念頭變得「不好」的？問題不在於他們想的都是性。不同於我們，美洲印第安人沒有清教徒的傳統，他們並不貶抑肉體及性。真正的問題微妙得多：愚笨的巡邏把生活中性方面的事情放錯了地方。他將精神女人當成一個肉體存有，想要通過肉體的接觸去經歷她。用心理學的話來說，他將她投射到一個外在女人身上，把她有形化、物質化了。結果呢？災難一場：他遇到的，不是仁慈的野牛女神，而是迦梨（Kali），死亡女神，讓他成了塵土上的一堆枯骨。

天底下，若有什麼事情可以稱之為心理褻瀆的，那就是意圖把神聖轉變成別的東西，意圖把神聖圖利自我。心理上的罪，無關性，無關肉體，也無關「不朽」，而在於把一樣東西錯叫成別樣東西，把它當成別樣東西對待，假裝做一事，實際上卻是另有所圖。這是違反意識的罪，是拒絕有意識地生活。愚笨巡邏的念頭之所以「不好」，是在面對一個精神的、神聖的、超個人的存有時，他卻以對待物質、性、人的心態待之。他把白野牛女當成了他的自我世界的附屬。

她指示我們：「回去告訴你的族人，我馬上就過去，要他們在

部落中央為我搭一座大帳篷。」

　　為她在部落中央搭建帳篷，指的是為阿尼瑪留一個位子，一個為神所留的地方，在我們生命的中心。意思是奉獻時間和精神去體驗自己的心靈，探索自己的無意識，發現我是誰，我是什麼，因為，我並不僅止於這個自我。西方男人的首要之務在於承認神聖世界的存在，他必須認真思考自己想像中的「完美」女人、「完美」生活、「完美」感情關係究竟所為何來，明白自己是在尋求現象世界之外的某種東西：尋求神性。他必須投注時間和精神去體驗這些能量，這些以象徵及幻象展現的內在實有及自己的另一部分。把白野牛女當成她自己，當成女神看待，並在部落中央為她準備一個地方，說的就是這個意思。

　　她行走，氣息可見，蹤跡可見，行走狀若神人。如果我們為她準備一個神聖的居所，如果我們願意睜開眼睛，看清她的本然，她就會來找我們。但話又說回來，講到她真正的居所，其建材無非是我們對待她的心態，是我們發自內心的莊重。我們所準備的地方是一個內在於心中的地方；若她願意與我們同住，必定就是在那裡。

聖母鐘之夢

有些夢不只是為一個男人或女人而作；就其內涵來說，那是集體無意識虛構的神話：是整個民族的夢。這裡的夢，來自西方的集體無意識，講的是本世紀的一個年輕人，三十來歲；告訴我們一個現代西方人是如何解決他與阿尼瑪及愛情的可怕糾纏。

　　我發現了一口曾經屬於聖母瑪利亞的鐘，來到一座千百年前建造的教堂大殿，準備將之安座其中。鐘的大小已經知道，祭壇上方的鐘座是現成的，剛好容得下鐘。幾個世紀來，一直都有神父在那裡守著，等著接收送回來的鐘。我走進教堂大殿，沿著長廊而下，把鐘交給等待的神父，我們一同將鐘舉起來，掛上鐘座的掛勾。鐘入鐘座，完美搭配。

　　神父受到指示，當聖母的鐘送回來時，要到大殿的西端盡頭敲響所有的大鐘，向世界宣布，鐘已經找到，重回基督教的懷抱。所有這些大鐘自有生以來就從未響過，必須等到聖母瑪利亞鐘回歸才得鳴響。當神父匆忙穿越長長的大殿去敲鐘時，我坐在祭壇旁的一條長凳上。

　　接下來我該怎麼做呢？是等在那裡，向人們索取身為聖母鐘發現者應得的讚美與奉承？還是默默離開，置身事外？神父得意忘形，壓根沒注意到我的存在，所以，到頭來我還是沒名沒姓。於是，我選擇了後者。

　　當大鐘響起，城裡的百姓湧進大殿，我從邊門溜出來，展開我孤獨的離城之旅。

　　這裡的象徵語言強烈而優美，既回答了我們要問的問題，也

回答了無意識深層對我們當今的問題所提出的疑問。我們要問的是，現代西方男人如何處理自己的靈魂？如何從愛情中解救自己的靈魂？如何與金髮伊索德共生而又不致毀了自己與玉手伊索德的關係？如何才能在自己生命中給阿尼瑪一個位子但又能解開她對自己人類關係的糾纏？如何才能懂得尊重自己的靈魂而又不致羞辱了女人？

　　所有這些問題，如果在一座教堂大殿中，在這些信仰生活的巨大象徵中找到了部分答案，當不至於令人驚訝。我們曾經置身情藥的現場，曾經看到一座白色宮殿，千窗萬戶，每扇都有一個吟遊詩人吟唱，也看到一座神聖的帳篷佇立在部族的中央──現在，是這座教堂大殿。一路走來，我們置身於強大的轉變象徵中，乍看之下無法想像的事情全都清楚了：對於愛情的探索及理解，一旦上路，不可避免地就會導向我們的信仰本質，導向我們避之惟恐不及的存有的精神面向。

　　我們已經知道，愛情會牽動無意識中一個龐大的力量系統，其能量之巨大，我們若要談論它，只能訴諸宗教及神祕主義的語言。對於自己之所愛，我們「仰慕」，我們「崇拜」；當我們在熱戀中，我們覺得「完滿」，我們身在「天堂」，我們「死去活來」。這裡所顯示出來的是一種追求，追求我們的神格、天堂之火、精神的覺醒、意義、自性意識。在西方，歷史上別無其他文化，這一股巨大的力量並未被導入宗教信仰或內在的生命，而是注入了人類的情愛；愛情，就此成為這股澎湃的力量洶湧流入人類日常生活的管道。

　　現在，我們要問的是，我們要如何處理這一股澎湃的力量？我

們要怎麼做才能正確引導它，使其豐富我們的生命，而不是將之摧毀，包括我們的精神領域及親密關係。

這個夢給我們的回答，清楚而生動：「將自己屬神的部分放回大教堂去，它原本就屬於那兒，至於屬人的部分，活出它原本該活的地方──平凡及單純。」我們必須將自己的靈魂從愛情裡請出來，讓它回到內在的地方──內在的大教堂。

旅人疲勞困頓，舉步維艱，走向教堂的大門，由於長途跋涉，塵埃滿身，更因為幾個世紀下來重負在身，已經精疲力竭。這口鐘實在太大太重，不是一個凡人所能負荷。對一個人的自我來說，它太過沉重，對他與凡間女人的親密關係來說，則太過於令人敬畏。對他的婚姻來說，這個負擔實在難以承受。大鐘的重量壓垮了他們。這口鐘，只有一個地方，結構夠強、空間夠大才容得下：大殿。

打從十二世紀起，崔斯坦率先把這口鐘扛出神殿，喝下了情藥，想要將這股力量納入他的戀情當中，西方男人也就掙扎著扛起這口鐘，帶進個人的生活、婚姻及他的塵世帝國。時至今日，將近一千年之後，他已經忘記這口鐘原本是屬神的。他將神當成世俗的獻祭，把心靈當成自我的獻祭，經年累月，早已忘記這口鐘原來的主人。由於負擔沉重，他的背脊幾乎折斷，人也累到精疲力竭；重壓之下，他的塵世親密關係支離破碎，但他卻束手無策。他不記得有那座大殿，不記得它在何處。

鐘聲不是別的，正是我們經驗的阿尼瑪，是她的聲音。這讓我們想到白野牛女的話語：「傳音揚聲我行走。」一如這口鐘，阿尼瑪傳音揚聲讓我們聽見，她唱歌，歌聲吸引我們進入內在的生命。

她的力量當下敞開我們的無意識，將原型鮮活地展現，吐氣化為我們因內在生命力所經驗到的意象。

鐘代表的是男人心靈的抒情知識（lyrical knowledge），和西班牙人說的 *el modo lirico*（抒情模式）意思相同，一種來自於直接經驗（direct experience）而非知性活動的知識。西方用聲音闡述精神，而不流於概念、空泛及言詞的，唯有鐘聲與基督教音樂；鐘鳴之為聲，其音純淨，不滯於心智，自然而然迴盪於靈魂。

一如鐘聲，阿尼瑪的力量所揭示的精神經驗是戴奧尼修斯（Dionysus）的那一面，真實是用知覺在感覺，感覺源自無意識的意象，感覺與內在的「人」邂逅彷彿真有其事。沒錯，鐘聲在西方信仰中是戴奧尼修斯的少數遺緒，召喚我們走向音樂、聖歌、舞蹈、感受——融入犧牲與重生的人間大戲。鐘聲使人聯想到大衛王於上帝面前之舞。

這個夢告訴我們，一如聖藥桿，這口鐘不屬於一個人的自我，而是屬於一個內在的「族群」，一個內在的「基督教世界」。眾所周知，有些東西是屬於全體的，是教會有責任要守護的，終有一天要回歸教堂大殿。此一象徵表示，有些東西屬於精神領域，外在於個人的自我生命，應該供奉於內在世界受到保護，但卻已經迷失了。這裡說的不是別的，那就是我們的靈魂，我們的心靈。起初，迷失於無意識之中，流浪到了自我的世界；透過情藥被投射到個人的人類關係上。我們想要把人類所不能及的變成凡人；想要把屬於無意識的東西變成自我的一塊封地。但這股力量終將被自我所拋棄，歸還給內在的「教堂」。

把我們生命的一部分歸還給「教堂」，聽起來十分難以想像，

但它的意思並不是說一定要涉入某種外在的集體信仰，而是要在我們外在的生活與內在自性之間做出區隔。它說的是，要讓某些我們想要透過外在關係活出來的東西回歸到一個安靜、隱密、內在的地方——一個只存在於精神層面的地方。

我們每個人的內心深處都有這樣一個地方——一個水晶房間，「玫瑰與晨光交融」；一座教堂大殿，有真實聲音的鐘響等待宣布流浪的靈魂回歸。將阿尼瑪歸還給教堂，意思是一個男人在自我的生活上要有所割捨，不再堅持自己的靈魂非要活在對女人的投射中；拿掉自己加諸於一個外在的人身上的負擔，放入為其打造的強大內在豪宅。

有的時候，我們必須面對「自我之死」，亦即要在人生的某個層面上做出犧牲時，夢會補償我們的恐懼及悲傷失望。我們自己無法看見我們的作為之美好與榮耀，以及因犧牲而帶來的美好人生，但夢會顯示讓我們知道，讓我們有勇氣。

將阿尼瑪歸還給教堂大殿是一種犧牲。透過其他人活出阿尼瑪，是所有男人都可以做的選擇。放棄這個選項需要意識有所犧牲；他必須犧牲掉一整個存在層面，以便轉移到另一個層面。從自我的角度來看，這就相當於死亡。捨棄透過投射所活出來的阿尼瑪，無異於將親密關係中那股虛妄的激情抽乾淨；再怎麼說，一切都將變得安靜又無趣。將靈魂安置到教堂中，不再想要透過一個女人活出它，表示一個男人要把自己的整個生活面向從原先的親密關係中移轉出來，到別處另起爐灶，在自己的另一個層面——一個他不能到外在世界活出來的層面——因此，一切只能靠自己了。對他的自我來說，就好像他在剝奪自己的人類關係，或是欺騙自己。剛

開始時，他會覺得人類關係中的緊張、刺激、樂趣及激情都削減了大半，但漸漸地他會懂得，靈魂生活從來就不是真正屬於那裡，沒有它，自己的人類關係反而發展得更好，即使一時之間難免消沉失望。

這就是負鐘的人——那個做夢的人——的感覺。若他把鐘送回去，他會覺得自己是在放棄某種個人內在的什麼，也就是自我生活。這也是愚笨的巡邏受到警告不要去碰精神女人時的感受：他會覺得，他要放棄某些想要的東西，某種令他在自我層面興奮刺激的東西。

教堂大殿的象徵——一生都在等待聖鐘回歸的大鐘鳴響——告訴我們，等在犧牲另一邊的是榮耀與美好。這個夢的意象告訴我們，將自己的靈魂放回到它們原本所屬的地方，我們的自我不曾損失任何東西，因為，教堂本來就在我們的內在，是我們的一部分，對我們的自我來說，看似損失的其實不是損失，而是轉化成為更高層次的，某種因教堂大殿而益見其宏偉的東西，某種因大鐘鳴響而見其至美的東西。

事實上，我們的自我帝國從來不曾與神祕或教堂大殿的召喚絕緣，正如我們已經知道的，從自我的盔甲巨大的縫隙中，靈魂會乘隙而入我們的生活，那就是戀愛。這是戀愛——靈性與死亡的奇妙混合，之所以成為我們文化中最強大力量的原因：經由默認，文化已經成為一個容器，我們拚命地把所有被我們的自我帝國所排除的東西，所有無意識的東西——一切屬靈的、無法測量的、令人敬畏的，一切在我們內在喚起崇拜的東西——都往裡面塞。

做這個夢的人到最後總算明白這一點。聰明的印地安巡邏卻在

白野牛女出現時就明白了這一點，他知道自己面對的是另一世界的東西，不應該將其據為己有，而是將之回歸本來為它準備的地方，一個夠強大足以容納它的所在。

如果崔斯坦做了這個夢，了解這個夢，對情藥他會有不同的作為嗎？面對金髮伊索德呢？如同那個做夢的人，他可以默默溜出邊門，不留姓不留名，把自己屬神的部分留在聖殿，把自己屬人的部分放在人的領域，不使兩者混合交纏。這個夢的整個分量就在於學會區隔兩者：神性的部分與凡俗的、人類的、個人的部分。

現在，我們已經看到這個夢作為象徵的一面，但在實踐上，該如何做？如何把這口鐘送回聖殿？如何為這個神性打造一個新家？它可是我們極為重要的部分，我們從來不曾聞問，卻又一直在找尋，或隨便夾在腋下，或有如那口鐘般地負在背上。

榮格治療個案時，如果對方做得到，他通常都會叫他們盡快回去找祖傳的信仰，讓天主教徒回去告解、彌撒，猶太人回去猶太教堂，祆教徒回去尋根。無論男女，只要這條路一開，將我們神性的部分送回大殿，這是最簡單又最直接的方法。但對許多人來說，這根本就是緣木求魚，因為，無論是外在的儀式及象徵，或文化上傳播的信仰，對他們來說都已經不再有生命。

這樣的人愈來愈多，不過另有其他途徑。我們一定要了解，最後的聖殿，最後的天主教堂、猶太教堂或寺廟，都在內心。真正必要的不是外在的、集體的信仰，而是對精神的、神性領域透過心靈所展現的內在經驗。對這樣的人，透過日常的靜坐冥想、象徵儀式、積極想像、與來自幻想的意象互動、與夢中出現的內在的「人」邂逅，都可以找到信仰生活，找到聖殿。

這也就是象徵生活——發自內心，有意識地，心懷崇敬，虔誠用功，猶如中古基督教神祕派之於冥想祈禱，或印度教之於濕婆的想像，或佛教禪宗之於坐禪。經由這樣一種生活，自有途徑回到一切信仰的初生之地：個人的夢境、想像，以及與內在世界的人的鮮活邂逅。在有教義與教理之前，已有雅各（Jacob）與天使摔角，保祿（Paul）在前往大馬士革的途中看見基督，喬達摩（Gautama）坐在菩提樹下與天地合一。

內心有一座聖殿，但這對我們來說，看來難度更高，更孤獨：讓人覺得自己有如那個做夢的人，背負珍貴的負擔來到了聖殿，卻由著他走出了邊門，踏上漫漫塵路，走入無名無姓，遙遙前路，一生皆然。

這或許是這個夢中最動人也最有力量的地方：這位現代崔斯坦的決定，他不僅把鐘送回聖殿，也捨棄了他可以從獨自占有這鐘所得到的力量、歌頌、舞台，以及自我的重要性。他從邊門離去，是真正做到了割捨自我，是一次真正的轉化。出乎意料地，這個夢還對我們揭示了一個戀愛的根本議題，那就是謙卑：謙卑的自我懂得割捨，不會把自我的世界、個人的關係誇大膨脹成轟轟烈烈的力量系統。要回歸到個人神性的部分，回歸到教堂，深切的謙卑不可或缺。

若是在今日，崔斯坦的作為可能依然如故。西方男人已經喝下了情藥，只能以他所知道的方式去尋找阿尼瑪及諸神。但多少個世紀之前，他在默羅伊森林中度過歲月，天涯流浪，背負沉重的負擔，走過無盡的塵路。他戀愛，他失戀；他背叛，他被背叛；他和玉手伊索德成婚，卻又浪跡於孤獨——永遠背負著那口鐘，永遠在

尋找金髮伊索德，在每張看到的臉上尋找她。時至今日，他有權利從過去中學習，從他的經驗、他的夢境中學習。

　　如果崔斯坦今天懂得向這個夢學習，他將把金髮伊索德當成他內在世界的女王，一個靈魂的角色，由內心指導他進入諸神的領域。他將帶她進入內在的聖殿，安置在黃金后座上：她將得其所哉，因為，它虛位以待已經好幾個世紀。他不會再嘗試在一個凡女人身上或外部環境中尋找她。崔斯坦自聖殿邊門溜出來之後，他將靜靜地循路進入卡爾海克斯城堡，找到他的妻子玉手伊索德等待他的房間。當他執起她的手時，他將發現一件神奇的事：他留在宏偉聖殿后座上的伊索德已經回來，以該有的形式，在該有的層面。至於那個單純的塵世女人，不列塔尼公主，也是一個神，而房間所在也是一處聖地。

人類的愛

愛情故事的循環與死亡終結令人覺得好累，不免要問，真有「愛」這回事嗎？有的。但有的時候，我們的心態必須大幅改變，才能看清楚愛究竟是什麼，並為愛在我們的生活中留下空間。

人與人之間的愛乃是人性的絕對實有之一。猶如靈魂——賽姬（Psyche）——希臘的重要神祇之一。愛，也一樣，他的名字叫厄洛斯（Eros）。因為，希臘人了解，愛是集體無意識的一個原型，於人類既是永恆的也是普世的。對希臘人來說，他們視愛為神。

由於愛是一個原型，有其特質、特性，以及本身的「性格」。就和神一樣，在無意識中，愛，行事有如一個「人」，在心靈中自成一個存有。愛，不同於我的自我；在我的自我來到這個世界之前，愛已經在，我的自我離去後，愛也仍然在。儘管如此，愛卻是存在於我裡面的某種東西，或「某個人」。愛是一種在內部運作的力量，使我的自我朝外界觀看，明白自己的人類同胞是要受到尊重和珍惜的，而不是拿來使用的。

因此，當我說「我愛」時，並不是我在愛，事實上，是「愛」透過我在運作。愛並非全在於我的作為，更重要的是我這個人。愛，不是一種作為，而是一種存有狀態——是對另一個生命的一種理解接納、一種結合，是對她或他的一種認同，透過我這個人自內心湧出，無關於意圖或努力。

這種存有狀態可以從我的作為或我的待人上表現出來，但無法化約為一組「行為」或行動。那是一種內在的感覺。我們往往不了解，只有順從莎士比亞《李爾王》中寇蒂莉亞（Cordelia）的忠告：「愛，不說出來。」愛的神聖煉金術（divine alchemy）才最屬害。

總之，愛存在，無論我們怎麼說愛應該如何如何。愛的特質不變，無論我們如何以愛之名正當化我們的虛假或自私，愛的存在及本質，不因假象、觀點或偽造而有所改變。愛，有別於文化所期望的那種愛，有別於自我想要的那種愛，也有別於從小受教所希望的那種煽情的泡沫及誇大的狂喜；愛終究是真實的，是我之本然，而不是我的自我的要求。

　　關於愛，我們一定要了解這一點，否則，我們永遠無法誠實面對自己的自欺。有時候，有人說：「不要讓我知道真相，你若戳破我的幻象，那就什麼都沒了！」我們似乎都以為，愛是「人造的」，彷彿是我們在心裡創造出來的。我們的內在始終存有一種愛——人類的愛，儘管愛情的結果並不如我們所想的那樣；甚至在我們的投射、幻象、欺騙都已經成為過去之後，這種愛始終與我們同在。

　　戀愛，**轟轟**烈烈、吵吵鬧鬧，把人類的愛都給蓋了下去；我們尋求愛，但幾乎都不是在找它的本尊，連自己在找的是什麼都不明白。但當我們懂得了愛的特性及心態時，自會明白愛在我們心中——在我們的感情中，在對另一個人自然湧現的溫暖中，在每一個不著痕跡的小動作中，自存理解接納之心，而這正是打造人類日常生活的無形結構。

　　愛是內心肯定、看重另一個人做他或她自己的力量。人類之愛肯定的是一個人的存在，而不是基於我們喜歡這個人存在的想法，或來自於我們內心的投射。愛是內在的神，祂打開我們盲目的眼睛，讓我們看到其他人的美、價值及品格。愛促使我們以一個整體、一個個體的自性去尊重一個人，也就是說，我們接納正面的也

接納負面的，接納可敬的品格也接納不完美。一個人若真正愛人類而非自己的投射，就會愛陰影（Shadow）如同愛其他一切，接納一個人的整體。

人類之愛讓男人去看見女人身上的固有價值，因此，愛讓他欣賞、扶持她，而不是企圖透過她來滿足自我的目的。有了愛的引導，他會不禁關心她的需求與幸福，而不是固執於自己的想望與怪念頭。

愛改變我們的自我重要感。因為愛，我們明白另一個個體在宇宙中的價值如同自己一樣重要；他或她應當是完滿的，應當活得充分，應當獲得生活喜樂，一如我們的生活得以滿足。

在無意識的世界，愛是一種強大的心理力量，可以轉化自我。愛的力量喚醒自我覺知，自我本身之外、自我計畫之外、自我事業之外、自我安全之外，還有某些其他存在。愛不僅使自我與其他人類連接，也使自我與靈魂及內在世界的諸神連結。

因此，愛的本質是自我中心的對立面。**愛**這個字的用法非常廣義。不論別人要求多少關心、幫助、保障或快活，我們用愛來予以高舉。但當我們追求自己所謂的「需求」，我們的欲望、夢想及控制別人的權力時，這就不是愛了。愛和自我的欲望及權力遊戲完全是兩碼子事。愛所在乎的是善良、價值，以及周遭人的需求。

就愛的本質來說，愛是一種**欣賞**，承認別人的價值：愛促使男人尊重女人而不是利用她，並要求自己盡力服務於她。若這個女人因愛而接納他，便會以同樣的態度對待他。

愛的原型本質，說得最好的，或許就屬聖保祿這簡單幾句話：

愛是恆久忍耐，又有恩慈；愛是不嫉妒；愛是不自誇，不張狂……不求自己的益處，不輕易發怒，不計算人的惡……凡事包容，凡事相信，凡是盼望，凡事忍耐。

愛是永不止息，先知講道之能，終必歸於無有，口舌之能，終必停止，知識之能，終必消散。

這一段簡明曉暢的話語把兩種不同的自我說得再透徹不過，一是凡事只有自己的自我，一是凡事從愛出發的自我。自我關心的，只有自己本身；但「愛是恆久忍耐，又有恩慈」。自我是嫉妒的，總是膨脹自己，幻想自己擁有絕對權力與控制，但「愛是不自誇，不張狂」。耽溺於自己的自我中心，自我永遠都靠不住，但「愛永不止息」。自我只知道肯定自己及其欲望，但愛「不求自己的益處，」愛肯定一切生命：「凡事包容，凡事相信，凡事盼望」。

我們對戀愛不以為然，道理在此，這也是人類之愛不同於戀愛的原因：就戀愛的本質來說，必然質變成為自我主義。之所以如此，在於戀愛的對象不是另一個人；戀愛激情的對象永遠是我們自己的投射、自己的期望、自己的幻想。毫無疑問地，這愛，愛的不是別人，而是我們自己。

現在應該很清楚了，建立在投射上的親密關係欠缺人類的愛。與某個人相戀，只因為他們對我們反映了神或女神的意象，我們因而受其吸引，就某種意義來說，那就是在愛自己，而不是愛另一個人。在戀愛中，儘管愛的幻想看來極美，事實上，我們的心態可能只是徹底的自私。

唯有對另一個人的了解，是把他或她當成一個真正的人，而開始喜歡並關心時，真正的愛才開始。

……能夠真愛意味著成熟，對另外那個人的期望是實際的。也就是說，為自己的快樂或不快樂負責，不期望另外那個人使我們快樂，也不會因為自己的鬱悶及挫折怪罪那個人。

——桑福特（Sanford），《無形的伴侶》
（*Invisible Partners*，頁 19-20）

耽溺於投射，便是耽溺於自己。而這種對自己的投射的深情與愛是會反射、會回流的，最後，不可避免地會回到自己身上。

說到這裡，我們又一頭栽進了愛情的矛盾。矛盾的是，愛自己的投射和愛自己都是應該的。在戀愛中，我們對自己的愛扭曲變質，變成自我中心，愛的本質已經喪失。但我們若懂得到對的層面去找尋，愛自己卻是正當合理的：那是流入愛情的第二大能量，是人類的愛的原型，是厄洛斯的另一張面孔。

我們所投射的，其實是自己的無意識部分，理應敬而重之。愛自己的投射，把自己的愛情理想及幻想付諸實踐，是對自己整個自性的最大肯定。難的是，既要愛自己又不至於落得自我中心。

人類心靈的地理中有眾多意識島嶼，有其多層次、多中心的結構，由此可知，對整個自性的愛不可能是我們眾多自我的宇宙中心。對自性的愛，乃是自我在尋找隱藏於我們內在世界的其他「人」，是自我對維度更大的無意識的渴望，是自我想要對整個存有的其他部分——包括它們的觀點、價值及需求——敞開自己。

從這個角度來理解，愛自己的愛也是「神的」愛，因為，我們

　　　　　　　　戀愛中的人：榮格觀點的愛情心理學

是在為自己的靈魂，為神的啟示尋求最終極的意義。這讓我們想起克萊曼特（Clement of Alexandria）的話：

　　因此，究其實，對所有門徒來說，最重要的是認識自己；當一個人認識自己，也就認識了上帝。

　　戀愛之誤，不在於我們愛自己，而在於愛自己愛得不對。我們想要透過對別人的愛情投射來肯定無意識，卻冷落了隱藏在那些投射中的實有：我們不明白，那才是我們在尋找的自性。

　　要把愛從戀愛的沼澤中拯救出來，第一要務就是把眼光轉而朝向內在；我們必須對內在世界覺醒，必須懂得以內在體驗活出「對自己的愛」。接下來，再把我們的眼光調回來，向外落到實質的人及我們營造的關係上──我們必須懂得「人類的」愛的原則。

　　許多年前，一個有智慧的朋友幫我給人類的愛取了一個名字，稱之為「攪拌燕麥片」的愛。她完全正確：如果我們夠虛心，就可以在這個詞裡看到人類的愛的本質，它告訴我們人類的愛與愛情之間的差別。

　　攪拌燕麥片是個不起眼的動作，既不緊張又不刺激，但卻象徵一種將愛帶至塵世的接納，代表一種共度平凡人生的意願，在單純的日子裡尋找意義，儘管生活毫不浪漫，要掙錢過活，要量入為出，要丟垃圾，要夜半起來餵嬰兒。「攪拌燕麥片」意味著接納，在簡單平常的事裡尋找價值，甚至美，而不是不斷地索求一場宇宙大戲、快活或凡事都要過癮盡興。一如禪僧之打糠，甘地之紡車紡紗製布，聖保祿之搭帳篷，在在代表的是，在卑微平凡中發現神

聖。

　　榮格曾說，感情無非**小事**。從人類的愛來看，還真是如此。兩個人之間真正的接納盡在一同做的尋常小事情上：忙完一天，安定下來，安靜說幾句話，體己的溫言暖語，日常的陪伴，困難時刻的打氣，天外飛來的小禮物，自然流露的關愛。

　　兩人若是彼此真心接納，必會攜手投入人生的全部光譜，縱使凡俗瑣事，或索然無趣，或困難重重，也將轉化成為喜樂充實的人生。相反地，戀愛云云，唯有在彼此的感情都還在「熱頭」上，床頭金未盡、情趣纏綿之時才得以持續。「攪拌燕麥片」意味著兩人的愛跳脫了激情幻想，轉化成為平實的塵世當下。

　　許多事情連自我都厭煩，愛卻能包容。對方的脾氣與不講道理，愛能忍受。愛是願意做早餐、平衡收支；愛是願意做生活中這些「燕麥片」的事情，因為，愛接納的是人而不是投射。

　　人類的愛把另一個人看作是一個個體，與他或她的關係是個體化的。在浪漫愛情的眼裡，另一個人就只是戲中扮演某個角色的演員而已。

　　男人的愛若是人類的愛，他會希望女人成為一個完整、獨立的人，鼓勵她做她自己；浪漫愛情卻只在乎她做他喜歡的樣子，符合阿尼瑪的樣子。一個男人若受浪漫愛擺布，他所要的，就只是她願意改變，反映他所投射的理想。另一個人若只做他或她自己，愛情不會圓滿。

　　人類的愛必然包含友情：親密關係中的友誼，婚姻中的友誼，夫妻間的友誼。一個男人與一個女人若是知己朋友，彼此知道對方的難處及缺點，但不會動輒批評，而是更用心地彼此扶持，相互取

樂，絕不互挑毛病。

朋友，真正的朋友，有如卡赫丁：他們要的是肯定，而不是批判；他們不縱容，但也不揭短。處境艱困時，朋友挺身而出；生活雜事小事，相互照應。朋友不把自己的標準強加於對方，不要求完美，他們相互照應，而不彼此求好為難。

戀愛中沒有友情。戀愛與友情是完全相反的能量，出發點完全相左，可說是天生的仇敵。有的時候，人們會說：「我才不要跟我的丈夫（或妻子）當朋友，那樣一來，婚姻裡面還有什麼愛情可言。」講得對極了：朋友關係固然免不了小衝突及緊張，但卻沒有自我中心及強人所難，取而代之的是某種符合人性及真實的戲碼。

一個男人與一個女人若能彼此相待有如朋友，則他們既是愛人也是「鄰居」，他們的關係就服膺了基督的格言：「愛鄰居如愛自己。」愛情裡面有種極為明顯的矛盾情形：許多夫妻對待朋友和氣、關心、慷慨、寬容，對待另一半卻有如寇讎！跟朋友在一起，他們可愛、大方、彬彬有禮，但一回到家，憤怒、嫌惡、鬱悶、沮喪，全都丟向彼此。對待朋友之禮勝過對待另一半，真是怪哉。

兩個人「戀愛」時，人們常說他們「不止是朋友了」。但時間一久，他們彼此相待卻連朋友都不如。多數人都相信，「戀愛」關係比朋友關係更親密、更「深入」，那麼，為什麼兩個人對朋友能夠付出無私的愛、善意及情誼，彼此間卻做不到？一般人不會要朋友承接自己的投射，要他們做自己的出氣筒，要他們讓自己覺得快樂，要他們為自己營造完滿的人生，為什麼情侶卻將這些要求強加於彼此？關鍵在於戀愛的傳統教導我們，我們有權利期待「相戀」的那個人承接我們所有的投射，滿足我們所有的欲望，實現我們

所有的幻想。印度有一種結婚儀式，新郎和新娘相互莊重地發誓：「你將成為我最好的朋友。」這正是西方夫妻要學習的，彼此以朋友的情誼共度人生，以友誼的精神處理因愛造成的糾結。

要學人類的愛，我們可以敞開心胸看看東方文化及他們的心態。

在印度和日本生活期間，我看到的婚姻及愛情關係基礎，完全無關戀愛，而是一種溫暖的、奉獻的及長久的愛。印度人天生就是處理人類之愛的高手。在我看來，這是因為他們從來不曾把浪漫戀愛當成彼此接納的途徑。我們在西方完全混到一起的東西，印度人很自然地就區分開來：他們懂得把阿尼瑪、原型及神明當成內在實有，敬而重之；他們懂得對生命神性一面的體驗是一回事，個人關係及婚姻是另一回事。

印度人把內在世界放到象徵的層面，透過寺廟藝術及寓意性儀式將內在的原型轉換為意象及外在象徵，他們不會把內在的神投射到丈夫或妻子身上。他們將原型擬人化，當成另一個世界的象徵，把彼此當成人類；如此一來，他們不會將不可能的要求強加於彼此，也就不至於失望。

印度男人不會要求妻子成為阿尼瑪，將他帶往另一個世界，或要她體現他內在世界的一切力量及完美。由於感性的信仰經驗仍然是他們文化的一部分，印度人不需要透過婚姻及人類關係去跟靈魂溝通。要找神，他們可以去廟寺，可以冥想，或去找上師（guru），絕不會拿外在關係去扮演內在角色。

對於印度人的方式，西方人一開始都會感到困惑：他們的愛似乎缺乏激情的熱度和力度，不適合西方人的浪漫口味。但若耐心觀

察，卻會驚訝於西方人的偏執，對於只有戀愛才是「真愛」的看法不免開始質疑。在印度的婚姻中，有一種安靜但穩定的感情，一種摯愛（profound affection）。之所以說穩定：他們不像西方夫妻往復來回於戲劇性的「戀愛」與「失戀」、仰慕與幻滅之間。

在傳統印度婚姻中，男人對妻子的承諾不是建立在他與她的「戀愛」上。由於他一開始就不曾「戀愛」，也就無從「失戀」。他對妻子的關係基礎在於愛她，而不是因他投射在她身上的理想而「戀愛」。他的關係不會因為有朝一日「失戀」了，或遇到別的女人接住了他的投射而瓦解崩潰。他們把自己交給一個女人，一個家，而不是一個投射。

相較於印度人的「單純」，我們總認為自己比較高明。但相對於印度人，一般西方男人卻無異於一頭公牛，鼻子上套了環，被自己的投射牽著從一個女人到另一個，對任何一個人都談不上真正的關係或承諾。在人類的感情、愛及親密關係上，印度人的意識已經演化到了一種高度區隔、微妙且精緻的程度。在這些事情上，我們不如他們。

在傳統印度人身上，我觀察到最令人驚訝的事情，是他們的孩子開朗、快樂及心理健康。印度人家庭的孩子不像許多西方孩子那樣神經質，內心也不會那樣掙扎。他們總是沐浴在人的恩愛中，他們感受得到父母之間那股平靜的恩愛，家庭生活的穩定及永續。他們的父母永遠可靠，從未聽過他們懷疑自己的婚姻是否「出了問題」；分手及離婚的陰魂不出來弄人。

對我們西方人來說，時光無法倒退。我們無法走印度人的路，無法用其他民族的習慣或心態來解決西方的困境。我們不能假裝自

己擁有東方的心靈，我們的心靈始終是西方的。我們必須處理自己的西方無意識及自己的西方傷口。我們必須在我們自身的西方靈魂中找到療癒的香膏。我們喝下了情藥，一頭栽入我們演化中的浪漫時代，唯一的出路就是繼續往前；我們沒有回頭路，不能猶豫不前。

但我們可以向東方文化學習，跳脫我們自己，跳脫我們的主張及信念，以新的視角看自己，只要時間夠久，在愛的處理上，我們可以懂得用一套不同的心態去解除西方文化教條的束縛。

我們會懂得，人類關係與友誼及忠誠不可分割，愛的本質不是利用別人使我們快樂，而是服務並肯定我們所愛的人。我們將會驚訝地發現，我們最最需要的不是被愛，而是愛。

參考文獻

Publications Quoted in the Text

de Rougemont, Denis. *Love in the Western World.* Translated by Montgomery Belgion. New York: Pantheon Books, 1956.

Hillman, James. "Anima." *Spring* 1973.

———. "Anima (II)." *Spring* 1974.

———. *Revisioning Psychology.* New York: Harper & Row, Harper Colophon, 1977.

The I Ching. Translated from Chinese to German by Richard Wilhelm and rendered into English by Cary F. Baynes, with a foreword by C. G. Jung. Bollingen Series XIX. Princeton: Princeton University Press, 1967.

Jung, Carl G. *Aion.* Translated by R. F. C. Hull. 9 C.W., part 2. Bollingen Series XX. Princeton: Princeton University Press, 1959.

———. "Psychological Commentary on Kundalini Yoga." *Spring* 1975 and 1976.

———. *The Psychology of the Transference.* 16 C.W. Bollingen Series XX. Princeton: Princeton University Press, 1966.

Neihardt, John G. *Black Elk Speaks.* New York: William Morrow, 1932; New York: Simon & Schuster, Pocket Book, 1972.

Sanford, John A. *The Invisible Partners.* New York: Paulist Press, 1980.

Sources of, and Commentary on, the Myth

Bédier, Joseph. *The Romance of Tristan as Retold by Joseph Bédier.* Translated by Hillaire Belloc and Paul Rosenfeld. New York: Vintage Books, 1945; New York: Doubleday, Anchor Books, 1965.

Béroul. *The Romance of Tristan* and *Tristan's Madness (La Folie Tristan)*. Translated by Alan S. Fedrick. Harmondsworth: Penguin Books, 1970.

de Rougemont, Denis. *Love Declared: Essays on the Myths of Love.* Translated by Richard Howard. New York: Pantheon Books, 1963.

_____. *Love in the Western World.* Translated by Montgomery Belgion. New York: Pantheon Books, 1956.

Gottfried von Strassburg. *Tristan, with Surviving Fragments of Thomas of England.* Translated by A. T. Hatto. Baltimore: Penguin Books, 1960.

Loomis, Gertrude, and Loomis, Roger Sherman. *Tristan and Iseult: A Study of the Sources of the Romance.* 2d ed. New York: Burt Franklin, 1960.

Thomas of Britain. *The Romance of Tristam & Ysolt.* Translated from Old French and Old Norse by Roger Sherman Loomis. New York: Columbia University Press, 1951.

Other Related Works

Campbell, Joseph. *Myths to Live By.* New York: Viking Press, 1972.

_____. *The Portable Jung.* New York: Viking Press, 1972.

de Castillejo, Irene C. *Knowing Woman.* New York: G. P. Putnam's Sons, 1973.

Johnson, Robert A. *He: Understanding Masculine Psychology.* King of Prussia, Pa.: Religious Publishing, 1974; New York: Harper & Row Perennial Library, 1977.

_____. *She: Understanding Feminine Psychology.* King of Prussia, Pa.: Religious Publishing, 1976; New York: Harper & Row Perennial Library, 1977.

Jung, Carl Gustav. *Man and His Symbols.* Garden City, N.Y.: Doubleday, 1964.

_____. *Archetypes of the Collective Unconscious.* 9 C.W., part 1. New York: Pantheon Books, 1959.

————. *Memories, Dreams and Reflections*. New York: Pantheon Books, 1963.

Jung, Emma, and Von Franz, Marie-Louise. *The Grail Legend*. A C. G. Jung Foundation Book. New York: G. P. Putnam's Sons, 1970.

Neumann, Erich. *Amor and Psyche*. New York: Pantheon Books, 1956.

Sanford, John A. *The Kingdom Within*. New York: J. B. Lippincott, 1970.

Von Franz, Marie-Louise. *The Problem of the Feminine in Fairy Tales*. New York & Zurich: Spring Publications, 1972.

Whitmont, Edward C. *The Symbolic Quest*. New York: G. P. Putnam's Sons, 1969; New York: Harper & Row, 1973.

關於作者

　　羅伯特・強森（Robert A. Johnson, 1921-2018），美國榮格分析師、作家。生於奧勒岡州波特蘭市。畢業於奧勒岡大學（University of Oregon）與史丹佛大學（Stanford University）。他的童年並不順遂，父母婚姻失敗，十一歲腿傷瀕死，並經歷神祕經驗。年輕的他有著無法排解的寂寞之苦，先後求教印度籍精神導師克里希那穆提（Jiddu Krishnamurti）與日本禪師鈴木大拙。1947 年接受榮格分析師弗里茨・肯克爾（Fritz Künkel）的分析治療。

　　而後他前往瑞士蘇黎世榮格學院，在那裡，榮格憑著強森的夢境，給了他重要的人生方向，強森回憶：「……這是一次非凡的經歷。他告訴我，要和自己在一起，不要結婚，不要參與任何事情。他說『集體無意識將支持你』……」在榮格學院，強森不僅心靈得到療癒，他還找到了工作——成為心理分析師。當時，榮格的太太艾瑪・榮格（Emma Jung）是他的主要分析師，在肯特爾（Künkel）、托尼・薩斯曼（Tony Sussman）的協助下，他完成分析師訓練，並於五〇年代初與海倫・盧克（Helen Luke）在洛杉磯建立分析機構。

　　六〇年代初期，強森結束執業，至密西根州聖格雷戈里修道院的三河修道院（St. Gregory's Abbey, Three Rivers）待了四年，1967年返回加州重啟心理治療的舊業。他曾於聖地牙哥的聖保祿教堂

（St. Paul's Cathedral）講課，並與身兼美國聖公會牧師與榮格分析師約翰・桑福德（John A. Sanford）有密切的合作關係。

　　強森也將更多的關注轉向內在心靈，逐漸轉化了他的寂寞感。他體會到中世紀神祕術士所說的話：「寂寞的解方是孤獨（aloneness）。」因為孤獨，我們能更親近心靈。他的心靈豐厚了，也體會到生命中彷彿有某種召喚，像是許多的細線（slender threads）在牽引，引領人走在使自己更完整的道途。

　　強森著迷於神話，擅長以神話故事演繹人類心理，他尤其喜歡十二世紀的神話，認為那是西方現代心靈的源頭，能從中檢視斷文化加諸我們的困境。1974 年一場於聖地牙哥聖保祿教堂，以十二世紀神話的解析男性心理的演講，被謄錄、編輯成《他：理解男性的心理學》（暫譯，*He: Understanding Masculine Psychology*）一書出版，開啟了強森百萬暢銷書作者的生涯，他陸續出版了《她：理解女性的心理學》（暫譯，*She: Understanding Feminine Psychology*）、《戀愛中的人：榮格觀點的愛情心理學》（*We: Understanding the Psychology of Romantic Love*）、《與內在對話：夢・積極想像・自我轉化》（*Inner Work: Using Dreams and Active Imagination for Personal Growth*）、《擁抱自身陰影：理解心靈的黑暗面》（暫譯，*Owning Your Own Shadow: Understanding the Dark Side of the Psyche*）等十餘冊書。而他的傳記性作品《平衡天堂與人間：關於靈視、夢境與現實的回憶錄》（*Balancing Heaven and Earth: A Memoir of Visions, Dreams, and Realizations*）則揭露他迷人而神祕的個人生活，讓人看見他從十一歲瀕死經驗起的畢生靈性旅程，如何醞出釀他強大而豐富的心靈世界。

榮格曾說，他的思想並非發明，只是再次示現古老的智慧；而強森，則擅長將此示現以詩意的行文，深入淺出地帶下專業講台，帶到你我身邊，讓人們失落的靈魂不知不覺得到滋養，受到鼓舞，勇敢向心靈的鄉土前行。

延伸閱讀

- 《孤兒：從榮格觀點探討孤獨與完整》（2020），奧德麗·普內特（Audrey Punnet），心靈工坊。
- 《榮格的最後歲月：心靈煉金之旅》（2020），安妮拉·亞菲（Aniela Jaffé），心靈工坊。
- 《希臘羅馬神話：永恆的諸神、英雄、愛情與冒險故事》（2020），伊迪絲·漢彌敦（Edith Hamilton），漫遊者文化。
- 《千面英雄：70 年經典新編紀念版，從神話學心理學到好萊塢編劇王道》（2020），喬瑟夫·坎伯（Joseph Campbell），漫遊者文化。
- 《男人的四個原型：暢銷 20 年經典，榮格學派帶你剖析男性心理》（2019），羅伯特·摩爾（Robert L. Moore）、道格拉斯·吉列特（Douglas Gillette），橡實文化。
- 《夢與幽冥世界：神話、意象、靈魂》（2019），詹姆斯·希爾曼（James Hillman），心靈工坊。
- 《積極想像：與無意識對話，活得更自在》（2018），瑪塔·提巴迪（Marta Tibaldi），心靈工坊。
- 《源氏物語與日本人：女性覺醒的故事》（2018），河合隼雄，心靈工坊。
- 《神話心理學：來自眾神的處方箋》（2018），河合隼雄，心靈工坊。

- 《永恆少年：從榮格觀點探討拒絕長大》（2018），瑪麗-路薏絲‧馮‧法蘭茲（Marie-Louise von Franz），心靈工坊。
- 《公主變成貓：從榮格觀點探索童話世界》（2018），瑪麗-路薏絲‧馮‧法蘭茲（Marie-Louise von Franz），心靈工坊。
- 《童話中的女性：從榮格觀點探索童話世界》（2018），瑪麗-路薏絲‧馮‧法蘭茲（Marie-Louise von Franz），心靈工坊。
- 《童話心理學：從榮格心理學看格林童話裡的真實人性》（2017），河合隼雄，遠流。
- 《童話的魅力：我們為什麼愛上童話？從〈小紅帽〉到〈美女與野獸〉，第一本以精神分析探索童話的經典研究》（2017），布魯諾‧貝特罕（Bruno Bettelheim），漫遊者文化。
- 《公主走進黑森林：榮格取向的童話分析》（2017），呂旭亞，心靈工坊。
- 《與狼同奔的女人》（2017），克萊麗莎‧平蔻拉‧埃思戴絲（Clarissa Pinkola Estés），心靈工坊。
- 《紅書：讀者版》（2016），榮格（C.G.Jung）
- 《解讀童話：從榮格觀點探索童話世界》（2016），瑪麗-路薏絲‧馮‧法蘭茲（Marie-Louise von Franz），心靈工坊。
- 《崔斯坦和伊索爾德：中世紀傳奇文學亞瑟王系列精選》（2016），余友輝等，浙江大學出版社。
- 《靈魂密碼：活出個人天賦，實現生命藍圖》（2015），詹姆斯‧希爾曼（James Hillman），心靈工坊。
- 《被遺忘的愛神：神話、藝術、心理分析中的安特洛斯》（2015），奎格‧史蒂芬森（Craig E. Stephenson），心靈工坊。

- 《纏足幽靈：從榮格心理分析看女性的自性追尋》（2015），馬思恩，心靈工坊。
- 《愛之死：華格納的崔斯坦與伊索德》（2014），羅基敏、梅樂互，華茲。
- 《神話的智慧：時空變遷中的神話》（2006），瑟夫·坎伯（Joseph Campbell），立緒。
- 《愛的春藥：崔斯坦與伊索德》（2003），翁德明，先覺。
- 《神話：內在的旅程，英雄的冒險，愛情的故事》（1997），喬瑟夫·坎伯（Joseph Campbell）、比爾·莫伊爾斯（Bill Moyers）立緒。

PsychoAlchemy 025

戀愛中的人：榮格觀點的愛情心理學
WE: Understanding the Psychology of Romantic Love

羅伯特・強森（Robert A. Johnson）——著

鄧伯宸——譯

出版者—心靈工坊文化事業股份有限公司
發行人—王浩威　總編輯—徐嘉俊
特約編輯—周旻君　執行編輯—趙士尊
封面設計—羅文岑　內頁排版—龍虎電腦排版股份有限公司
通訊地址—10684 台北市大安區信義路四段 53 巷 8 號 2 樓
郵政劃撥—19546215　戶名—心靈工坊文化事業股份有限公司
電話—02）2702-9186　傳真—02）2702-9286
Email—service@psygarden.com.tw　網址—www.psygarden.com.tw

製版・印刷—彩峰造藝股份有限公司
總經銷—大和書報圖書股份有限公司
電話—02）8990-2588　傳真—02）2290-1658
通訊地址—248 新北市新莊區五工五路二號
初版一刷—2020 年 12 月　初版四刷—2024 年 9 月
ISBN—978-986-357-200-8　定價—400 元

國家圖書館出版品預行編目資料

戀愛中的人：榮格觀點的愛情心理學 / 羅伯特・強森 (Robert A. Johnson) 著；鄧伯宸譯
. -- 初版 . -- 臺北市：心靈工坊文化事業股份有限公司, 2020.12
　　面；　公分
　　譯自：We：understanding the psychology of romantic love.
　　ISBN 978-986-357-200-8(平裝)

1. 戀愛心理學

544.37014　　　　　　　　　　　　　　　　　　　　　109019957

書香家族 讀友卡

感謝您購買心靈工坊的叢書，爲了加強對您的服務，請您詳填本卡，
直接投入郵筒（免貼郵票）或傳真，我們會珍視您的意見，
並提供您最新的活動訊息，共同以書會友，追求身心靈的創意與成長。

書系編號—PsychoAlchemy 025　　　書名—戀愛中的人：榮格觀點的愛情心理學

姓名＿＿＿＿＿＿＿＿＿＿＿　是否已加入書香家族？ □是 □現在加入

電話 (O)　　　　　(H)　　　　　手機

E-mail　　　　生日　年　　月　　日

地址 □□□＿＿＿＿＿＿＿＿＿＿＿＿＿

服務機構＿＿＿＿＿　職稱＿＿＿＿＿

您的性別—□1.女 □2.男 □3.其他

婚姻狀況—□1.未婚 □2.已婚 □3.離婚 □4.不婚 □5.同志 □6.喪偶 □7.分居

請問您如何得知這本書？
□1.書店 □2.報章雜誌 □3.廣播電視 □4.親友推介 □5.心靈工坊書訊
□6.廣告DM □7.心靈工坊網站 □8.其他網路媒體 □9.其他

您購買本書的方式？
□1.書店 □2.劃撥郵購 □3.團體訂購 □4.網路訂購 □5.其他

您對本書的意見？
□ 封面設計　1.須再改進 2.尚可 3.滿意 4.非常滿意
□ 版面編排　1.須再改進 2.尚可 3.滿意 4.非常滿意
□ 內容　　　1.須再改進 2.尚可 3.滿意 4.非常滿意
□ 文筆／翻譯 1.須再改進 2.尚可 3.滿意 4.非常滿意
□ 價格　　　1.須再改進 2.尚可 3.滿意 4.非常滿意

您對我們有何建議？

□本人同意＿＿＿＿＿＿＿（請簽名）提供（真實姓名/E-mail/地址/電話/年齡/
等資料），以作為心靈工坊（聯絡/寄貨/加入會員/行銷/會員折扣/等之用，
詳細內容請參閱http://shop.psygarden.com.tw/member_register.asp。

廣 告 回 信
台 北 郵 政 登 記 證
台北廣字第1143號
免 貼 郵 票

10684台北市信義路四段53巷8號2樓
讀者服務組　收

免 貼 郵 票

（對折線）

加入心靈工坊書香家族會員
共享知識的盛宴，成長的喜悅

請寄回這張回函卡（免貼郵票），
您就成爲心靈工坊的書香家族會員，您將可以——

⊙隨時收到新書出版和活動訊息

⊙獲得各項回饋和優惠方案